疲勞世代

找回身心能量的關鍵8堂課

伊莎貝——著

作者序

缺的不是時間而是精力

作為一名諮商心理師，我常常遇到求助者有類似的困惑：

「雖然什麼都沒做，但怎麼感覺這麼累呢？」

「晚上睡不著，早上起不來。」

「今天開會的時候，我居然打瞌睡。」

「其實我每天都很自責，但就是沒有辦法付諸行動。」

「我每年都興致勃勃地列出一堆計畫，但每次都三天打魚、兩天曬網。我該怎麼辦？」

還有許多人把時間和精力都花在了內耗上，反覆糾結、懊惱、後悔……

這些雖然不是嚴重的精神障礙，也沒有什麼特別的身體症狀，但就是會使人感到不適。

「難道我得了現在流行的『慢性疲勞症候群』？」

其實所謂的「慢性疲勞症候群」不是病，而是一種精力告急的狀態。

我也曾經是一個「慢性疲勞症候群」患者，那時的我工作效率極低、狀態極差，還有嚴重的拖延症。能躺著絕不站著，能不動就不動。不是故意偷懶，而是每天都感覺很累。大腦清醒，身體軟弱，感覺自己無能為力，這種狀態讓我產生了深深的挫敗感。

痛定思痛，我在深入研究之後發現，我們缺的並不是時間，而是完成任務的精力。所以，光靠時間管理是遠遠不夠的，更重要的是要精力管理。

精力管理，既有「精」（大腦層面），也有「力」（身體層面），包括一個人是否能主動、全面地掌控自己的體力、專注力、意志力，是否有信心和能力去應對挑戰和變化。這是一套建立在現代醫學、營養學、運動科學、神經科學、演化生物學、心理學等科學基礎之上的應用技術。實際上，這也是一種人人都需要學習的自我管理的能力。

很多人抱怨自己「年紀大了、精力不足」，而且這個論調有年輕化的趨勢。但事實上，我們可以看到梅伊・馬斯克（Maye Musk）[1]依舊儀態萬方、優雅從容；村上

1　伊隆・馬斯克的母親，企業家、營養師、演說家。

春樹堅持每天跑馬拉松和寫作……

他們打破了我們對於年齡的迷思。關鍵不在於年齡，而在於精力狀態。這個快速發展的時代，要求我們每個人必須具備自我反覆運算的能力。那到底是什麼導致人與人之間的差別愈來愈大呢？

想像一下，同時畢業的兩個同學的情況：

一個每天晚睡晚起，常常急匆匆地趕路，狀態很差，會不自覺地打瞌睡，上班效率極低，工作做不完，每天都需要加班。下了班之後就累趴了，根本沒有精力去關注自己的興趣、能力的培養……

另一個每天早睡早起、神采奕奕，上班效率很高，完全不需要加班，下了班之後去健身，去參加興趣小組、社會活動，拓展自己的知識圈和人脈圈……

試想一下，幾年之後，兩個人會有什麼樣的差別？誰會升職加薪？誰會碌碌無為？誰的幸福感更高？誰的生活滿意度更高？

一開始各方面都相仿的兩個同學，就這樣一步一步、一天一天地拉開了距離。

你的狀態，更像其中哪一個呢？其實，當掌握了科學使用精力的方法，你也可以保持精力飽滿，成為精力管理達人。

人們常常嚮往自由：時間自由、財富自由、健康自由……其實，還有一個非常重要的要素——精力自由，精力是這一切的基礎。在這個快速變化的時代，只有把精力管理好了，你才能到達你想去的地方。

在本書中，我們會談到許多共性問題，比如：為什麼我們的計畫常常不了了之？會不會是因為我們內在的聲音沒有辦法達成一致，導致無法行動？就像大象與騎象人的關係一樣，我們以為騎象人說了算，沒想到，大象才是決定者。如果騎象人所指的方向大象並不想去，那麼牠就會用各種各樣的方式來表達牠的抗拒。

因此，想要改變，關鍵在於了解大象真正想去的地方，與內在的「大象」進行溝通，探討出一個彼此都願意接受的目標。只有制定出計畫、養成習慣，才能持續往同一個方向走，實現真正的知行合一。

本書中代表的希希展示了許多人普遍存在的狀態。她就像一面鏡子，讓我們照見了某個部分的自己。

最後，我想說，本書是寫給你的，希望你可以擺脫一直困擾你的低能量狀態，找到調整精力的開關。

目錄

第2課　看不見的內耗正在悄悄毀掉你

第3課　什麼？我90%的注意力都被浪費了？

第4課　我的大腦怎麼又「短路」了？

——保持精力充沛的關鍵在腦力管理　117

第5課　人就是他的所吃之物

——健康飲食保持良好的精力狀態　155

第8課　意志力告急，我為什麼總是半途而廢？
——習慣管理決定了人與人之間的差異

前言
老是覺得累並非無解

這裡是心悅精力諮詢中心。

希希，是第一九九九位求助者。

她略微有些激動地說：「我是真的真的想改變，我都記不得自己說了多少次要改變，可是設定了很多次目標，發了很多次誓，但依舊沒有辦法行動……我的生活就像惡性循環：設定目標，放棄目標，再設定目標，再放棄目標。我不知道要不要告訴自己：『算了吧，我不行的，我的人生可能就是這樣了吧。』

「之前上班的時候，每天都覺得累的要死，什麼都不想做，只想耍廢放空。明明什麼也沒做，但就是覺得累，經常覺得腦袋像生鏽了一樣轉不動。

「現在我失業了，有時間了，每天滑滑手機，時間就過去了，但這樣感覺更累……我現在三十五歲，是一個尷尬的年齡。雖然很多人說年齡不是問題，但這種狀態是個問題，是種從內而外的累，說不出來，但滲透到每個細胞。我不知道你能不能理解？」

我點點頭說：「那你先做個評估表吧，我們來看一看你的具體表現，這樣我們才能有針對性地進行調整。」

希希看著症狀表，吐吐舌頭，開始打勾。

☑危機管理（救火隊）

☑拖拖拉拉

☑辦公空間凌亂

☑缺乏自律

☑管理跨度太大

☑缺少規畫

☑感到沮喪

☑沒有聆聽

☑決策草率

☑資訊超載

☑缺少他人協助

☑缺少回饋
☑未排定工作事項的優先順序
☑不會拒絕
☑錯誤太多
☑不務實的時間預估
☑凡事自己來
☑埋怨別人
○牽涉太多人（安排太多的人做同樣的事）

除了牽涉太多人這一項，其他的基本上希希都勾選了。

「看來你確實需要精力管理。精力管理與心理諮商有點不同，主要是針對處於亞健康狀態[2]，但還未達到心理障礙標準的人群。它會針對你的症狀來解決問題，並需要你在平常多多練習，只有這樣你的精力狀態才會改善。所以，你確定現在要開始

2　指介於健康與生病之間一種過渡的狀態，又稱慢性疲勞症候群或「第三狀態」。

嗎？」我對希希說。

希希點點頭：「好，那就試試吧。」

第1課

為什麼懂那麼多道理，依舊過不好這一生？

——解答問題的鑰匙一直在自己手裡

希希翻開教材，看到一張既熟悉又陌生的臉。

教材的第一頁，嵌了一面鏡子，上面有一行字：你了解自己嗎？

了解？說的是對身高、體重的了解？還是對星座、血型的了解？

不了解？好像還有那麼一點了解。

很了解？那就不用到精力管理中心這裡來了。

或許，這就是最熟悉的陌生人吧。

大家見過冰山嗎？

冰山常常只露出一角，絕大部分會藏於水面下。

人類的意識也像一座冰山，我們能覺察的、露出水面的部分是意識，它只占大腦活動的3－5%，真正神祕莫測的，是隱藏在水面下的冰山，也就是潛意識，占了大腦活動的95–97％。

你有沒有發現，大腦裡面常常有幾個不同的聲音，有的源於意識，有的源於潛意識。意識是明線，潛意識是暗線，人們常常以為是明線在產生作用，其實真正發揮決定性作用的是那條暗線。

如果潛意識並不想改變，那你就會找很多的理由說服自己不改變，例如：「我必須準備好之後才開始行動。如果失敗了會非常丟臉。別人會怎麼議論我？我還不如不行動。」甚至，你會「催眠」自己去接受和適應這樣的狀態：「其實我就是這樣的人，這樣也沒什麼不好的。」

我們拖延、糾結、猶豫且動力不足，很重要的原因是我們對自我不夠了解，對潛意識覺察不夠，導致目標不夠清晰、明確，讓自我的力量四處分散和消耗。需要改變的關鍵點是讓「潛意識意識化」，讓冰山浮上來，也就是我們要明確自己內在真正的需求。

我們總是覺得生活平庸、瑣碎，不斷想向外尋找解決方案，卻苦尋不得。

在你想要放棄時，試著和自己靜心交流，電光火石間，也許那些困擾你許久的問題就會迎刃而解。那時你會發現，自己才是最好的老師，解答問題的鑰匙一直在自己手裡，只待你的開啟。

這一課，我們將目光收回到自己的身上，從自我探索開始。

潛意識是大Boss，讓自由書寫搞定它

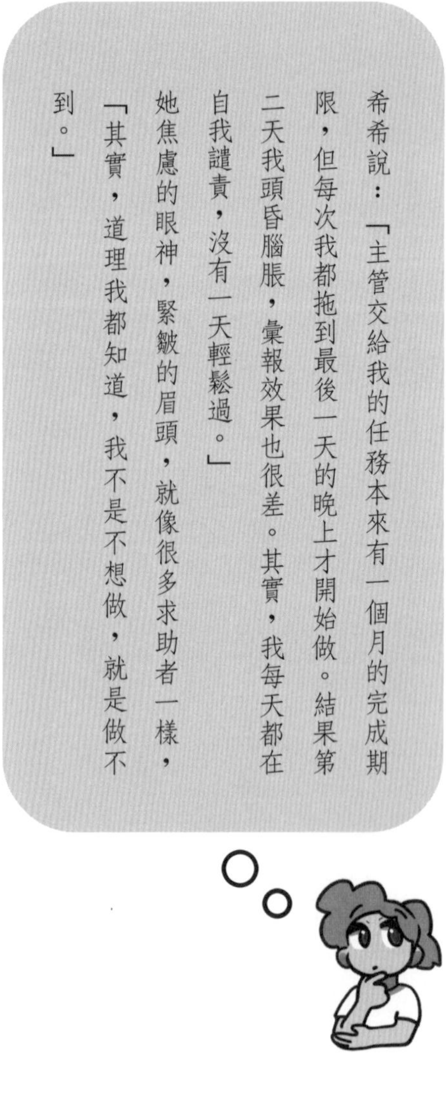

希希說：「主管交給我的任務本來有一個月的完成期限，但每次我都拖到最後一天的晚上才開始做。結果第二天我頭昏腦脹，彙報效果也很差。其實，我每天都在自我譴責，沒有一天輕鬆過。」
她焦慮的眼神，緊皺的眉頭，就像很多求助者一樣，「其實，道理我都知道，我不是不想做，就是做不到。」

在求助者中，有不少人是被家人連哄帶騙，半推半就而來諮詢的。很多時候，是親戚、朋友、伴侶和主管覺得這個人應該改變，可是別人覺得「他應該改變」是無法產生作用的。不是覺得誰應該改變，那個誰就會改變，而是誰感覺不舒服，那個人自己決定改變，才會真正地改變。

這種不舒服的感覺是一個觸動點，會刺激我們開始行動。生活沒有變化，或許是因為這種不舒服的感覺不夠強烈，沒有促使你產生改變目前這種困窘的生活狀態的強烈動機。

心理學中有所謂「因病獲益」（gain by illness）的說法，許多症狀的存在會帶來某種程度的好處，因此才保持了下來。

你有沒有想過，你在現在的症狀中收穫了什麼？

自由書寫就像給自己的一場心靈私聊

「自由聯想」是精神分析的主要方式之一，自由書寫（free writing）則是一種非常適合入門的自由聯想方式。它的作用在於讓潛意識意識化，幫助我們繞過大腦的

「監控」，釐清自己真實的想法。

簡單地說，自由書寫就是在有限的時間內，以不停頓、不判斷和不修飾的方式將所思所想寫下來。這種方式通常被用於激發自己做事的動力，或者發現某些沒有被自己注意到的想法。

剛開始時，思緒或許非常凌亂，那是因為我們在內在的自我探索、自我表達方面還不足夠。當你不斷地去探究自己內在的需求和感受後，真實的自己就「浮現」出來了。自由書寫不需要咬文嚼字，愈白描愈好。把感受直接寫出來，讓情緒清晰可見。

自由書寫的先驅娜妲莉．高柏（Natalie Goldberg）提道，「自由書寫不是一般的『寫作』，不是那種需要正襟危坐的寫作。自由書寫，其實是一種修行，它像『禪修』，能幫助你靜心，讓你看到自己的內心。」

自由書寫並不需要挑地點、挑時間和看心情。你只要有一本筆記本、一枝筆，隨時隨地都可以寫。這是一種自己跟自己親密對話的方式。你在說給自己聽。如果可以，試著找個沒有人的地方把書寫的內容念出來。此刻，文字會變得生動起來，當你重新體驗它的時候，會有新的覺察和新的理解。

跟潛意識聊天的方法

現在，你有二十分鐘的時間，在這段時間裡，沒有任何限制，讓自己的思路自由擴散，如果不知道寫些什麼，你可以寫「我不知道該寫什麼……」，然後繼續寫下當下的所思所想。

記得不要停筆，只要把想法記下來就可以。不用擔心言詞是不是優美，用詞有沒有意義，你的想法是不是無聊可笑……這一切都不需要擔心，你也無須塗抹修改。

自由書寫的目的不是寫出一篇美文，而是在不做判斷的情況下，了解自己的思維和情緒，看看有些什麼樣的故事在發生。

你可以根據自己想要改善的情況來自由書寫。比如說你想了解為什麼自己沒有辦法改變拖延，你可以寫下「拖延的好處」、「不拖延的壞處」，看看你會想到什麼。

你可以調整一下呼吸，放鬆一下身體，聆聽輕柔的音樂。然後，在紙上寫下你的想法……

或許開始寫的幾句還有些晦澀，慢慢地，筆好像有了生命，完全不受控制。

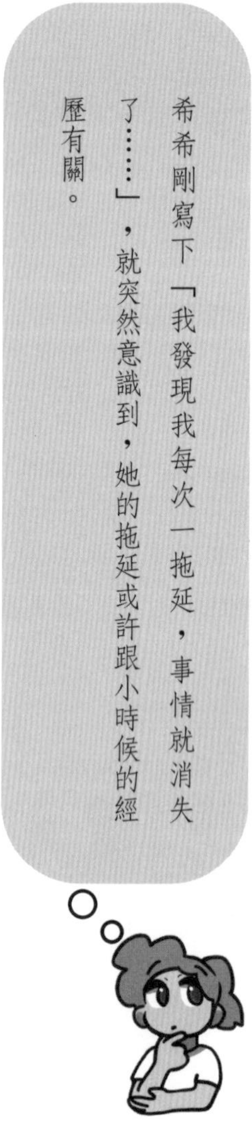
希希剛寫下「我發現我每次一拖延，事情就消失了……」，就突然意識到，她的拖延或許跟小時候的經歷有關。

有的求助者寫道：「每次積極做事就被主管批評，多做多錯，馬上行動太危險了，還是能拖就拖吧。」

「如果我事業成功了，能兼顧家庭嗎？我能處理好這些問題嗎？」

當你寫下來之後，你就會理解自己的症狀。

在寫完之後，你可以找一個角落，再念一遍自由書寫的內容。

希希找到一個角落，小聲地讀著，讀著讀著，就紅了眼眶。

希希分享時說道：「我有一個非常強勢的媽媽，動作快，性子急，只要我稍微慢一些，她就不停地催促我，或者就直接幫我完成了。慢慢地，我的拖延變成了習慣。日常生活中，我永遠是那個拖延的人，工作中也是如此。如果是一些很著急的事情，主管會優先交給那些完成速度比較快、行動力比較強的同事，我就不用做了。於是，我就養成了在工作中給自己找各種理由拖延的習慣。」

這是很有意思的覺察，正所謂力量此消彼長，一方過盛，另一方就會偏弱。以另一種方式保持平衡，或許是急性子家長和慢吞吞的孩子總是「成對」出現的原因之一。

透過自由書寫，希希開始覺察到問題的癥結。拖延症對希希來說，曾經是有獲益的，讓她暫時躲避了內心的煩惱和恐懼，這給了她一個熟悉的理由，從而心安理得地不行動。

雖然不行動也會產生焦慮、令人自責，但是想到改變可能會帶來負面影響，不如不改變。她一邊在想像中獲益，一邊又在現實中被打擊，左右拉鋸，周而復始，日日循環。

進入自由書寫狀態的一些技巧

開始自由書寫的時候，也許需要一些主題或者導語來輔助你更快地進入狀態。

1. 比如，你可以用「××的壞處」、「不××的好處」作為開始。

如果想改變拖延，你可以寫下「拖延的壞處」、「不拖延的好處」。

如果想審視自己和金錢的關係，你可以寫下「有錢的壞處」、「沒錢的好處」，以此類推。

2. 比如，你可以用五感作為開始。

我看到……
我聽到……
我觸摸到……
我聞到……
我嘗到……

3.比如，你可以用音樂、書、電影當中的某個片段作為開始。

4.如果你想更深入地挖掘你的生命故事，也可以寫寫曾經發生的故事，試著和自己的過往連結，去看看那個內在受傷的小孩，或是曾經美好的回憶。看見是療癒的開始。過往無法改變，但記憶和體驗可以，當我們重新審視過往的經歷時，也是在給自己一個重構記憶和體驗的機會。

5.你可以試著和你的家族連結，寫寫你的父母，寫寫你的家族故事。

當你帶著好奇去探索，那些塵封的記憶會慢慢變得豐富而立體起來，或許你就更能理解這些故事的成因，找到自己生命的原動力。

當你已經熟悉自由書寫的方式之後，無須導語和主題的輔助，就可以很快地進入自由書寫的狀態，寫著寫著，答案自然就呈現出來。

精力管理第一步就是向內拆盲盒

自由書寫是一場向內的旅程，讓你收回自己始終向外探索的視線，向內尋找原動力。在你的過往中尋找資源，這也是書寫的療癒力量。

一些看似偶然出現的狀況，其實和潛意識的抗拒是有關係的。潛意識會用各種各樣的方式來提醒我們，去覺察內心真實的想法。這個探索潛意識的過程就像是拆盲盒，讓人又愛又怕又期待，卻也沒有什麼捷徑可走，你只能不斷地面對自己。當我們撈起漂浮在意識表面的東西，就會看到深藏在潛意識當中的真實。

這個過程也是在幫你認識自己。過去的舊方法沒有錯，那是當時的你能想到的最好辦法了。現在你已經長大了，需要有更好的適應方式。只有面對現實，問題才會迎刃而解。

一旦你開始覺察自己的潛意識和想法，明白自己缺少什麼、想要什麼、願意付出什麼的時候，精力管理的第一步才算真正開始。

不適合自己不要硬撐——找到自己的「使用說明書」

希希說：「我非常希望能像她一樣每天都精力旺盛，精神亢奮，好像從來都不會累。可是我總是做不到，這讓我充滿了挫敗感。」

大家心目中有沒有一個目標人物呢？希望有一天可以變成像他那樣的人。但我們也發現，這種期待往往難以實現。這不是我們有問題、不夠好，只是我們選擇了錯誤的仿傚對象。

如何訓練猴子上樹？有沒有什麼好辦法？

可能有人會說用食物誘惑，用異性吸引，用鞭子抽牠，或者爬一次示範給牠看。

這不就是我們培訓中常常用到的方法嗎？獎勵法、懲罰法、示範法……但這些真的有用嗎？

我們以為有用。但大家有沒有考慮過，猴子天生就會上樹。你稍加指引，不需要獎勵、懲罰、示範牠都能上樹。

下一個問題是，如何訓練大象上樹呢？此時獎勵法、懲罰法、示範法還有用嗎？我們以為有用。這也是許多培訓的迷思，認為大象做不到是因為不夠努力，只要抱持不達目的誓不罷休的態度，就一定能上樹。

但如果你是大象，又何必在你不擅長的爬樹這一項上死磕，去跟猴子一爭高下，去做更適合你自己的事情就好啦！因此首先要知道你是誰，是猴子還是大象。

個人特質差異沒有好壞之分

你要先找到自己的「使用說明書」，了解哪些是我們相對穩定並且難以改變的，比如我們身上不同於他人的特質，了解哪些東西是可以透過練習獲得的，比如我們的行為習慣。

每個人本身的氣質類型是不一樣的。心理學家將人分成四種不同的氣質類型：膽汁質、多血質、黏液質、抑鬱質。看上去似乎有些抽象，如果用液體來形容，膽汁質就像是水蒸氣，多血質有點像凝結的水滴，黏液質就像稠得化不開的咳嗽糖漿，抑鬱質就像是凝結的冰塊。

這裡的氣質不是一般意義上的「這個人很有氣質」、「這個人氣質很好」。氣質類型沒有好壞之分，主要受生物特性影響，會對個人的行為速度、強度、靈活性等方面產生影響，是我們與生俱來、相對穩定且難以改變的部分。不論活動內容、場合、興趣、動機如何，我們都穩定地顯示同樣性質的特點。

比如，在同一個場合裡，你會發現有的人很好動，坐不住，就像椅子上有釘子一樣，也有人不喜歡說話，喜歡在一旁安靜地待著，這都是受氣質影響的結果。

膽汁質

膽汁質的人直率熱情、精力旺盛、反應速度快、行動力強、外向、愛恨分明、進取心強……常處於精神亢奮的狀態。

需要注意的是，這種類型的人雖然思維敏捷，但準確性差，有時會過分自信，易

膽汁質人效率指數

效率指標	效率指數
靈活性	★★★★
穩定性	★★★
持續性	★★★
精確度	★★
速度	★★★★★

衝動、脾氣急躁。

膽汁質人主要的「效率課題」是——提高精確度，避免品質不合要求而必須重做。

多血質

多血質的人通常活潑好動、反應敏捷、富於幻想、富有創造精神、適應性強、善於交際。在一個團隊裡面，這類人常常充當「開心果」的角色。

需要注意的是，這一類型的人注意力容易不集中，常常粗心大意，做事缺乏持久性與毅力，屬於常立志但不立長志的類型。

多血質人主要的「效率課題」是——要注意持續性和專注度，避免半途而廢。

多血質人效率指數

效率指標	效率指數
靈活性	★★★★★
穩定性	★★★★
持續性	★★
精確度	★★★
速度	★★★★

黏液質

黏液質的人目標感非常強，只要目標確定了，就會排除萬難去實現，頑強、堅定、安靜、穩重且沉著踏實，生活規律，心境平和，自制力比較強。因此，這一類型中很多人成了企業家和領導者。

需要注意的是，這一類型的人有時太沉默寡言，情緒不外露，比較固執，不夠靈活，難以迅速適應環境變化。

因此，黏液質人主要的「效率課題」是——多鍛鍊靈活性，避免太過僵化而導致效率低下。

抑鬱質

抑鬱質的人看起來內向沉默，但實際上內

黏液質人效率指數

效率指標	效率指數
靈活性	★★
穩定性	★★★★★
持續性	★★★★★
精確度	★★★★
速度	★★★

抑鬱質人效率指數

效率指標	效率指數
靈活性	★★★
穩定性	★★★★
持續性	★★★★
精確度	★★★★★
速度	★★

心情感豐富，也就是大家常說的「悶騷」型。

其實，抑鬱質人通常非常細心、謹慎，感情細膩深刻，想像力豐富，善於覺察到別人容易忽略的細節，並且辦事穩妥可靠。

需要注意的是，這一類型的人有時會思慮過多、孤僻、行動緩慢、過於敏感等。有時，即使別人沒有惡意，他們也會因為自己的過度敏感而感到受傷。

抑鬱質人主要的「效率課題」是——增強行動力、提升速度。

沒有不合適的人，只有沒放對位置的人

從內外向程度來看，膽汁質人和多血質人比較外向，對他們來說，認識朋友是一件很容易的事情，出去吃個飯，買個東西，就能認識新的朋友。

從速度看，如果這四種類型的人相約出去吃飯，最先衝出門口，不停地催促的，一般會是膽汁人或多血質人；一直磨磨蹭蹭出不了門，出了門又忘記帶鑰匙、錢包的，很可能就是黏液質人或抑鬱質人了。

從專注程度看，黏液質人和抑鬱質人更喜歡深入研究，因此常常會成為某一領域

的專家，而膽汁質人和多血質人更擅長涉獵不同領域，成為資訊達人。

大部分人可能會同時具有兩到三種氣質類型，但總有一種是特別典型的，就像香水的主調一樣，是生活當中的主旋律。

氣質類型沒有什麼好壞之分，每一類型都有自己的獨特氣質，就像猴子很難變成大象，大象也很難上樹一樣。

雖然氣質類型難以改變，但是你可以根據自己的類型發展出最適合自己的方向。沒有不合適的人，只有沒放對位置的人。只要在對的位置上，每個人都能散發出無限的光彩。

所以，前提是要找到自己所屬的類型，再尋找相應的目標。有針對性地進行設計，才能事半功倍。

想像你未來想要的生活是什麼樣子？

你有沒有聽到內心深處的一個聲音：「這是我想要的生活。」

有的人聽得很清晰，訊號滿格，接收順暢；有的人聽到的聲音很細微，只有午夜夢迴的時候才能聽到一絲輕聲述說。

你呢？聽到這個聲音了嗎？

如果聽到了，你會怎麼做？是仔細聆聽，然後接納，還是充耳不聞？這個聲音很執著，它不會消失，而是會用各種方式提醒你。說遠一點它叫做夢想，說近一點它叫做目標。

說到目標，不少人的回答是：

「我要變成有錢人。」

「我要環遊世界。」

「我要多讀點書。」

「我要減肥。」

但是，如果再問細一點，有些人很可能就回答不出來了。比如，擁有多少錢算是有錢人？你準備什麼時候成為有錢人？

目標要符合SMART原則

在制定目標時，有一個基本的衡量標準——SMART原則，即目標需要具備以下屬性。

S（specific）——明確的。有時候，目標無法達成並不是因為執行不力，而是因為目標制定得太過含糊。只有用明確、具體的語言清楚說明想要達到的效果，才能制定一個適當的目標。比如，想要生活更幸福，自己心中的「幸福」究竟指的是什麼呢？這是一個把目標具體化的過程。

M（measurable）——可量化的。看看你的目標是否可以透過某些方式予以衡量。例如，想要減肥，體重計就是非常好的衡量工具；想多讀點書，閱讀量可以作為一個衡量標準。

A（attainable）——可實現的。目標應該是切實可行的，既不過易，也不過難。在設定目標時，應該考慮個人自身條件和現實情況，同時也要確定自己是否具備實現目標所需的能力和資源。例如，你現在的年收入是兩萬元，你想要一年內實現年入千萬元，這就比較困難。基本的原則，是選擇「跳一跳，摸得到」就能實現的目標。

R（relevant）——相關的。看看你的目標是否與個人的價值觀、生活狀態、職業規畫等相關因素一致，同時也要看看是否與其他目標有一定的連結，以避免與其他計畫發生衝突。

T（time-bound）——有時限的。制定目標需要設定一個明確的完成期限，以促進行動計畫的制定和實施。例如：想要環遊世界，你準備在什麼時間內達成這個目標？

一個合格的目標，SMART原則中的五點缺一不可。

但也有求助者說，感覺大腦中只有一團迷霧，想不出什麼目標。

那可以試試用生涯幻遊的方式來進行初步探索。

生涯幻遊

三毛曾經說過：「一個人至少要擁有一個夢想，有一個理由去堅強。心若沒有棲息的地方，到哪裡都是在流浪。」

去「看看」夢想，會讓行動變得更加堅定，生涯幻遊就是一種很好的「看見」夢想的方式。在這個過程中，你可以找一個你覺得舒服的姿勢（坐在椅子上或躺在地上），先調節呼吸，深深地吸氣，慢慢地呼氣，讓身體逐漸放鬆下來，想像自己躺在一個你覺得最舒適的環境當中，頭頂有一束光，照得全身暖暖的，跟著這道光，走進時光隧道，來到十年後的世界。仔細想像十年後的場景，愈仔細愈好……

這種方法可以讓我們基於未來視角，想像十年後的某一天，具體化這一天你的工作、生活場景，了解你想要的生活狀態是什麼樣的。儘管這個世界瞬息萬變，但我們嚮往的生活狀態保持著一定的穩定性。

就像旅行時設定目標一樣，找到了十年之後要去的地方，那五年之後，你會在哪裡，在做什麼？三年之後？兩年之後？一年之後？下個月呢？……

很多偉大的目標都是這樣制定出來的，即先明確目標，然後倒推出實現目標的步驟和方法，再一步一步去執行。

前提是，你知道自己要去哪裡。

寫下夢想清單的四種技巧

根據剛才生涯幻遊的場景，我們可以寫下自己的夢想清單。寫夢想清單的時候，有以下幾個小技巧：

1. **正向表達**。在寫夢想清單的時候，避免使用否定性詞語。因為大腦很神奇，會直接跳過「不」字，誤以為這是你的夢想。比如你說「我不要變窮」，大腦只會深深地記住了「窮」。

你現在試著「不要」去想房間裡有一隻白色的大象，千萬「不要」想。

怎麼樣？有沒有發現你的腦海裡充滿了白色的大象。

所以，我們在描述夢想清單的時候要用正向的方式表達，這樣可以給自己積極的暗示。比如，「我不要變胖」的效果就沒有「我要減掉五公斤，擁有苗條身材」的效果來得好。

2.**具體描述**。很多人會說「我想要自由！」，可是怎樣才算是自由？是財富自由、行動自由，還是言語自由？盡量讓自己的想法更加具體。

3.**用完成時態表述**。用完成時態來表述自己的夢想，就像它已經發生了一樣。這可以讓你更有信心，相信自己有實現它的能力。將這顆種子種在你心中，想像它已經開花結果的畫面，然後再努力讓夢想照進現實。

4.**加入自己的感受**。在描述夢想時可以加入自己的感受，用感受來傳達對夢想的熱愛和激情，例如「我很興奮地在瑜伽進修中心練習瑜伽」，這可以讓描述更加鮮活、生動。

這四種技巧都讓夢想清單愈來愈生動。

現在，讓我們一起來制定夢想板。

用吸引力法則顯化夢想

從目標視覺化理論來看，以圖像的形式展示，可以將目標更清晰地傳達給大腦，並激發個體的行動力。夢想板正是基於這一理論提出的，它是一種透過圖片、文字、引言和其他可視元素，展示個人夢想、目標和願望的工具。

視覺化的方式，可以幫助個人集中注意力在夢想和目標上，增強積極情緒和動力，提高生活滿意度。

透過製作夢想板，人們可以更清晰地感受到夢想中的細節，讓夢想變得更加明確，從而增加夢想實現的可能性。

記得，夢想要鎖定目的地而非途徑，如果真的想要到達目的地，你會想盡辦法去到那個地方。

下面我們一起來動手製作夢想板吧。

你可以打開音樂，調整呼吸，讓身心完全放鬆下來，開始製作夢想板。

我們可以找一個白板設計一下它的整體編排。先貼一個大背景圖，然後再貼一些細節圖，空白的地方還可以貼上可愛的卡紙裝飾，這能讓你的夢想板更獨一無二。

先一頁頁地隨意翻看DM、宣傳單或雜誌圖片，當看到讓自己有所觸動的圖片的時候，就用剪刀把圖片剪下來，剪得愈多愈好。

不用擔心圖片中的內容與自己多不相關，只要把自己喜歡的、能夠打動自己的圖片（包括標題）剪下來就好，放到一邊。

好好享受查閱和翻看的過程，你還可以考慮給一些圖片配上你想要的句子或短語，盡情發揮你的創意。

確定好構圖後，你就可以開始把圖片黏貼到夢想板上，帶著期待和興奮的心情，好好享受黏貼的過程。

黏貼好後再寫一些句子或短語，你還可以根據喜好增加一些裝飾或者是花邊，只要你喜歡就好。

最後，把你的夢想板掛在你每天能夠看到的地方，也就是最顯眼的地方，比如門上、電腦桌上、床頭、鏡子旁邊……

到這裡，你的夢想板就初步製作完成了。

當你每天被你的夢想板所包圍的時候，你周邊的世界也會開始慢慢改變，變得和你夢想板中所構想的愈來愈像。

當然，實現夢想的過程不會一帆風順，會有很多坎坷和挫折。很多時候，我們是在潛意識中就對於實現夢想缺乏信心，才導致自己無法進一步行動。

當你每天面對夢想板時，你會不斷地提醒自己要朝著目標邁進。這時，夢想板可以潛移默化地作用於你的潛意識，讓你更加堅信自己的夢想，增強實現夢想的決心和行動力。

精力充電小技巧
「人生五樣」幫你找到人生的重要意義

「錢多事少離家近，睡覺睡到自然醒，數錢數到手抽筋……」希希說，「我好像什麼都想要，怎麼辦？」

在資訊龐雜的社會，我們每天都會接觸大量的資訊並聽到雜音，這些資訊擾亂了我們的思維，一不小心就會讓我們迷失方向，忘了自己真正想要的是什麼。

值得注意的是，那些困擾我們生活的作息不規律、人際關係複雜、難以拒絕他人要求等問題，很有可能源於我們並不清楚自己真正想要什麼。因此，我們需要不斷釐清自己的想法，不斷審視和澄清自己的內心世界，找到心中真正看重的價值和信念，篩選出我們真正想要的東西，並學會過濾那些無關緊要的資訊和干擾。

要如何看清自己的內心世界呢？我們不妨透過一個小遊戲來探尋自己潛意識中的想法，挖掘自己內在真正渴望的東西。

第一步，請先請準備好紙和筆。

找到一個安靜的位置，先閉上雙眼，逐漸調節自己的呼吸。深深地吸氣，慢慢地呼氣，讓身心逐漸放鬆下來，讓呼吸變得平靜，肩膀自然下垂，讓思緒變得平靜下來。

現在，睜開雙眼，在白紙的中間寫上你的名字，比如「×××的五樣」，這代表著是你為自己做出的決定。

好，請你在紙上快速地寫下你生命中最重要的五樣東西。

這五樣東西可以是實際存在的，也可以是虛擬的；可以是人，也可以是動物，甚至可以是空氣；可以是精神追求，也可以是物質享受；可以是愛好和習慣，也可以是目標和理想……總之，你可以天馬行空地想像，只要把你心中認為最珍貴的五樣東西寫出來即可。

你腦海裡湧現的念頭都可以提筆寫下。跟隨你內心的感受，不必過多地思考，最先湧出的想法必然有它存在的深刻理由，你只需要把它記下來。

寫好了嗎？如果寫好了，我們開始第一步。請認真地審視一下這五樣東西，這是你在各種各樣複雜的選項中精心挑選出來的五樣東西，它們或許是你心靈的寄託和生命意義。

這五樣東西你都非常看重，可是要知道，人生充滿了意外，總有些不得已的狀況，你無法全都得到。

第二步，你需要放棄五樣當中的一樣。

請你拿起筆，在你的「人生五樣」中劃掉一個，注意，不是輕輕地劃，而是重重地劃掉，直到完全看不清字跡。這個過程可能會有些痛苦和糾結，但請盡量地慢，充分感受這個捨棄的過程。

好了，經歷了失去的痛楚，你現在只剩下四樣最重要的東西。命運的殘酷還不止於此。現在，它又向你發出挑戰。現在又有一些不得已的情況。

第三步，你需要在剩下的四樣當中再放棄一樣。

請重重地把它劃掉，直到完全看不清字跡為止。請盡量地慢，充分感受這個捨棄的過程。

好了，請從失去的痛苦中暫時脫離出來，你還要繼續前行。然而，命運對你的捉弄還沒有停止，現在你又遇到了人生的重大變故。

第四步，你需要在剩下的三樣最珍貴的東西中再選擇一樣放棄。

不管你有多少怨言和不情願，請重重地把它劃掉，直到完全看不清字跡為止。請盡量地慢，充分感受這個捨棄的過程。好了，經歷了失去的痛楚，你現在只剩下兩樣最重要的東西。

可能當下你會覺得人生太難了，但這就是生活的常態。眼前這兩樣，已經是我們在眾多選擇中精挑細選，無論如何都捨不得放棄的兩樣。

到這裡，你可能猜到了後面的故事。

是的，最後一步，你還需要從僅剩的兩個摯愛中再放棄一個。請重重地把它劃掉，直到完全看不清字跡為止。請盡量地慢，充分感受這個捨棄的過程。

此時，你的紙上只剩下了一樣東西，這就是你最寶貴的東西。它是什麼？

你看到的這個排序，其實也是你潛意識當中的人生優先排序。請把它記下來。在目標不夠堅定、無所適從的時候，你可以再想一想，對你而言到底哪一樣東西才是最重要的。這個排序會變嗎？隨著生活的變化，或許會有一些調整，但大方向基本上是穩定的。當然，隨著時間和外界誘惑的增加，我們需要不斷地去澄清和確認。

每個人的排序不同，選擇也不同。選擇冒險和選擇穩定的人，所做出的決定很高機率是不一樣的。

小遊戲，大人生，當不斷去確認自己內在想法的時候，你無論如何都不能放棄且願意為之付出行動的那一樣東西，就會浮出水面。它會讓你的目標更加清晰，讓你的生活更有動力，讓你的效率更高。

一個好的觸發點是行動的第一步，你準備好了嗎？

第2課

看不見的內耗正在悄悄毀掉你

——掌握自己情緒的控制權，做自己情緒的主人

請大家來覺察一下，自己的情緒還好嗎？

如果用一個詞來形容你此時的情緒，你會用什麼詞呢？

影響健康的四大要素：平衡的情緒、充足的睡眠、均衡的營養和適當的運動。情緒問題常常是諮詢中的「重頭戲」，它的影響力無處不在，好像一隻無形的手掌控著我們的生活。

那些讓我們輾轉反側的情緒其實不過是信差，提醒我們注意情緒背後的問題。當情緒不被看見、不被覺察、不被釋放的時候，它甚至會以攻擊免疫系統的方式來提醒我們。比如，不少女性有乳腺和子宮方面的問題，其實或多或少都跟情緒有關係。所以，不要忽略情緒給我們的提醒，先仔細聽聽它的「聲音」。

我們常常會說是別人的問題，是環境的問題……所以我的情緒才……如果這樣想，我們就把自己情緒的控制權交到了別人手裡。其實，情緒狀態是可以透過自主訓練來調整的。如果人的大腦是一台電視機，那麼每個人手裡都握有大腦這個電視機的遙控器，你可以選擇要不要切換頻道。

本章讓我們把注意力集中到自己的身上，試著掌握自己情緒的控制權，成為自己情緒的主人。

有一種累，叫精神內耗

希希說：「我總是焦慮。早上還沒睜開眼睛就開始糾結是跑步還是做瑜伽，是出門跑還是在跑步機上跑，反覆糾結、衡量、斟酌……大腦就像進入了迷宮一樣，轉來轉去轉不出來。最後，我什麼也沒做，卻在大腦當中上演了一齣大戲。我又開始責備自己為什麼要這麼浪費時間，周而復始。」

這是希希的日常，或許也是大家的日常，那些想要行動的小火苗就這樣在自我掙扎裡熄滅了。

《羅輯思維》主講人羅振宇說：「我販賣焦慮？人人都有的東西我賣給誰？」

隨著生活節奏愈來愈快，競爭壓力愈來愈大，空氣中好像都彌漫著焦慮的味道。

困擾我們的常常不是事情本身，而是焦慮的情緒。

有的人問，這是病嗎？其實，大部分人的焦慮只是焦慮情緒，遠沒有達到心理障礙的程度。焦慮和其他的情緒一樣，可以緩解，但不能被徹底抹殺。隨著你的生活變化，不同時期會有不同的焦慮，這種狀況或許會伴隨你一生。

所以要做好心理準備，我們終將和焦慮共存，也必須學會和焦慮共存。其實，焦慮未必是件壞事，在我們遇到危險時，會本能地感到害怕、擔心、緊張、恐懼、呼吸急促、心跳加快，骨骼肌肉變得緊繃或胃腸道受到抑制，全身所有器官系統在大腦的支配下開始重新分配資源，這是自我保護機制在發揮作用。

在原始時代，只有擁有緊張、害怕的能力，才能夠減少暴露的危險，所以焦慮有著非常重要和積極的意義，而且是必須的。

現今這個時代充滿不確定因素，適度焦慮可以促使我們不斷進步、減小受傷機率。當然，如果焦慮症狀嚴重，影響你的生活品質和工作狀態，或者身體有明顯的不適，那就需要尋求專業人士的幫助了。

焦慮就是腦內小劇場太多把自己的電都耗光

有的求助者說自己焦慮，但問到具體事情卻常常含糊其詞、說不出來，多是「嗯，好像是……伴侶在外面有很多的誘惑」、「沒有錢，世界變化太快」、「感覺剛才的表現不太好，擔心剛才說的話是不是得罪了他……」等，並沒有遇到具體的問題。

什麼事情都還沒發生，就開始眉頭緊鎖、頭皮發緊或感到焦慮，這屬於廣泛性焦慮症，簡單地說，就是習慣性焦慮。

這其實是一種精神內耗。

精神內耗，又叫心理內耗，也就是在心裡自己和自己較勁、打架。

就像手機電池剛剛充滿電，還沒有用多久，就因為手機內部運行的程式太多，很快亮起紅燈，宣告沒電。

長此以往，人會感覺到非常疲倦。那些說不出的累，並不是身體的勞累，而是精神上的消耗。

別人口中的輕描淡寫，到自己心裡就是懸疑大片：「他為什麼對我露出這個表情？他是不是討厭我？」「最近總感覺哪裡不對勁，是不是有壞事要發生？」「這件事我到底該不該做？做完之後會取得很好的效果嗎？」

類似的自我攻擊多了，會感覺非常焦慮，精神難以集中，但愈是這樣，攻擊聲就會愈大，惡性循環，人會愈來愈焦慮。

所以，你需要去正視這些聲音背後想要傳達的訊息。

希希說：「最近胖了不少，每次都有一個聲音說，去健身吧，練出魔鬼身材。但另一個聲音說，算了吧，為什麼要這麼累？開心就好。結果，肥也沒減，飯也沒吃好。」

你有沒有遇到過這樣的情況呢？一個理想中完美的自己，一個永遠也沒有辦法行

動的自己，兩個自己每天都在打架，像是兩匹朝不同方向拖拉的馬，不停地拉扯、撕裂一輛馬車，也許外人毫無覺察，但自己的內心已經上演了一齣大戲，雖然表面平靜，但內心已經累到不行了。

內心有三匹馬——本我想要狂奔，自我努力控場，超我嚴格指揮

不同的聲音，代表著我們內心深處的不同需求和渴望，它們時而協調和諧，時而衝突激烈。精神分析學家佛洛伊德把這幾種聲音稱為人格結構中的本我（Id）、自我（Ego）和超我（Superego）。

本我，是人格中最早、最原始的部分，主要用來滿足生理性衝動和精神欲望，遵循「快樂原則」。

自我，是本我跟超我之間的緩衝部分，是面對現實的我，透過後天的學習和環境發展而來，一方面控制本我的欲求，另一方面又在合理的範圍內滿足本我，遵循「現實原則」。

超我，是道德化的我，是人在兒童時代對父母道德行為的認同，對社會典範的效仿，是接受文化傳統、價值觀念、社會理想的影響而逐漸形成的。超我是我們應該怎麼做的部分，遵循「道德原則」。

這三個部分的存在和相互作用，會導致我們接收到不同的聲音和資訊，當我們能夠意識到這些聲音的來源和影響，就更容易理解生活中的糾結，更穩妥地應對內心的干擾。

內耗就像看到半杯水，是抱怨？是慶幸？還是懷疑？

想要覺察自己內在的聲音，可以踐行以下兩個步驟：

1. **自我觀察**。覺察自己的感受、情緒、信念和態度等內在的聲音，從而更好地了解自己內在的狀況，意識到不同的內在聲音，學會分辨它們並做出反應。

2. **自我接納**。在面對不同的聲音時，我們需要認識這些聲音之間的關係和差別。掌握自己的內心狀態和情緒的活動規律，以積極的心態處理不同聲音之間的矛盾和衝突點。

首先，我們需要承認內耗客觀存在。不要試圖逃避或者否認它。

其次，找出內耗點，以及背後的信念。

比如，你是一個口渴的人，想要喝水。現在，你看到桌上有半杯水。你出現的第一個念頭是什麼？

是非常的鬱悶？心想：「太倒楣了，我這麼渴，就只剩下半杯水。」

還是感覺到非常的慶幸？心想：「哇，我運氣也太好了吧，居然還有半杯水，這是救命的水啊。」

又或者會產生深深的懷疑和焦慮，心想：「這裡為什麼會有一杯水？水是乾淨的嗎？真的能喝嗎？」

同樣一杯水，不同的內在模式，讓人產生了不同的想法和行動。

學會用ABC駁斥不合理信念，情緒就能升級到E級幸福

合理的信念，會讓人們對事物產生適度的情緒和行為反應；不合理的信念則相反，往往會導致不良情緒和行為反應。

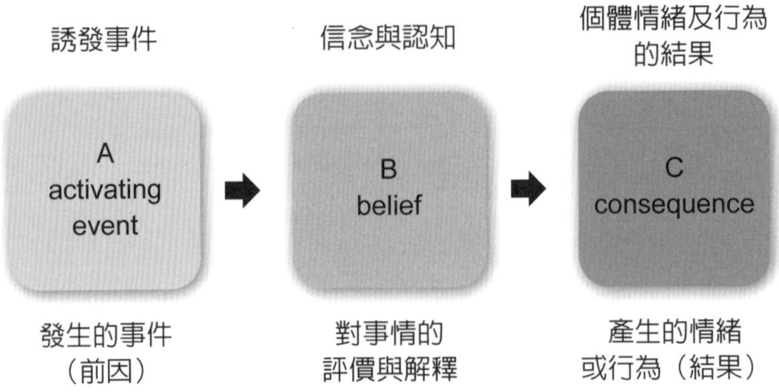

情緒 ABC 理論

這就是心理學家亞伯・艾里斯（Albert Ellis）所提出的情緒ABC理論（如圖示）。

外界刺激事件A（activating event），透過中間過程運作的機制（就是我們腦海當中對事件產生的信念B（belief）），產生了不一樣的情緒及行為後果C（consequence）。因此，如果信念B沒有改變，我們的行為是不會發生改變的。

不合理的信念包括以下三個方面：

1. **絕對化要求**。認為事情必須按照自己的意願發展，所以常常將「希望」、「想要」等詞語絕對化為「必須」或「一定要」等詞語。

比如：「我一定要是最瘦的那個人！」

2. **過分概括化**。這是一種以偏概全的思維方式。它常常把「有時」、「某些」過分概括化為「總是」、「所有」。

比如：「我總是什麼都做不好。」

3. **感覺糟糕至極**。認為如果一件不好的事情發生，那將是非常可怕和糟糕的。

比如：「如果我再胖一點，大家就會很嫌棄我。」

也有人稱其為「大腦木馬程式」，說的都是不合理信念。

為了應對不合理信念，艾里斯在情緒ＡＢＣ理論基礎上，又增加了Ｄ（disputing，駁斥與干預）——用合理的信念駁斥不合理信念的過程，以及Ｅ（effect，效果）——駁斥成功，產生認知效果和新觀點。

透過情緒ＡＢＣＤＥ理論，我們可以發現自己的不合理信念。透過挑戰自己的不合理信念，我們可以找到更加合理和有效的思維方式和信念，從而改變不良情緒和行為。

以希希為例。

誘發事件（A）：希希看到鏡子裡的自己。

信念與認知（B）：我一定要瘦下來才能感到快樂和自信。

個體情緒及行為的結果（C）：感到焦慮和苦惱。

開始辯證地思考這個想法（D），並詢問自己以下問題。

真的是瘦下來才能感到快樂和自信嗎？

會不會還有其他方法能感到快樂和自信呢？

……

透過思考，希希慢慢意識到，自己不一定非得瘦下來才能感到快樂和自信，也可以從其他方面獲得這些情緒（E）。於是，希希的焦慮、內耗的情緒慢慢消退了。

最後，如果暫時還找不到更好的解決方案，那也不要把精力浪費在與問題的對抗上，因為對抗往往會帶來更大的消耗。正如森田療法創始人森田正馬先生所說：「帶著症狀去生活。」生活不應該因為症狀的存在而休止，生活永遠都在繼續。對於陷於精神內耗的我們來說，行動就是最近的出口。

心理出問題，身體早就知道

「你知道嗎？身體會說話。」

體能教練說：「你的後背非常僵緊，你最近是不是壓力很大？」

希希嚇了一跳說：「這也能看得出來？」

當然可以。

壓力、焦慮、不安等都儲藏在身體之中。身體就像一本心靈自傳，忠實地記錄著我們的所有情感、情緒和生命故事留下的痕跡。

很多時候，心理問題會導致身體問題，而身體問題也會反作用於心理。就像世界心理衛生組織指出的，70%以上的人會以攻擊自己身體器官的方式來消化已有的不良情緒。

比如焦慮會引發失眠、注意力不集中、記憶力下降、食欲不振、心慌、胸悶、頭暈和頭痛等狀況。

同樣的，身體的狀態也會直接或間接地影響人的態度和情緒。

當我們進入某種情緒狀態時，我們的身體會自然地進入一種相應的姿勢狀態。透過身體語言，我們可以感受到與之相對應的情緒能量，也就是通常所說的「相由心生」。

比如，當我們感到緊張時，肌肉會不自覺地變得緊繃，身體長期處於這種緊張狀態就會逐漸適應，變得更加難以放鬆下來。許多求助者說，時間長了，都快忘了放鬆是一種什麼感覺了。

希希問：「調節身體是不是也可以改善情緒呢？」

是的，正如醫師艾德蒙．傑各布森（Edmund Jacobson）所說：「當我們身體放鬆的時候，我們的精神是不會焦慮的。」對於不少長期焦慮的求助者而言，情緒是抽象且不可控的，從情緒開始入手放鬆是一件相對困難的事情。但是，身體是外顯且容易控制的，因此從肌肉入手放鬆反而相對簡單。

放鬆肌肉就像和緊張的自己拔河，繃緊、放鬆、再繃緊、再放鬆

傑各布森還發明了一種放鬆技術——漸進式肌肉放鬆法（Progressive Relaxation），透過反覆收緊和鬆弛全身主要肌肉，人們可以體驗到不同的緊張和放鬆感覺，從而更好地了解緊張反應並進行放鬆，最終達到身心放鬆的效果。

在不拉傷肌肉的前提下，盡量繃緊每一組肌肉群，保持十秒後，即刻放鬆十五至二十秒，依序進行，漸漸地使全身的肌肉都放鬆下來，注意覺察繃緊和放鬆時候的不同感覺。

現在，我們一起來感受一下。

吸氣，並盡量握緊拳頭，感受手部肌肉繃緊，保持十秒後，吐氣，手突然鬆開，體會繃緊和放鬆的不同感覺。記得，放鬆肌肉時候要突然鬆開，充分感受肌肉突然一下變得軟綿無力的鬆弛感。

在正式練習漸進式肌肉放鬆法的過程中，你可以使用腹式呼吸，慢慢地調節呼吸。讓身體逐漸放鬆下來，深深地吸氣，慢慢地吐氣。

現在你可以嘗試一下，吸氣時額頭肌肉盡量向上抬起，充分地繃緊，再繃緊，同時配合吸氣，保持十秒，然後吐氣放鬆。有感受到額頭放鬆的感覺嗎？這個動作可以重複做五次。

下一步，深吸氣的同時，盡量皺起眉頭，保持十秒，然後吐氣放鬆。有感受到眉間放鬆的感覺嗎？同樣，這個動作可以重複做五次。

下一步，深吸氣的同時，盡量張大嘴，保持十秒，然後吐氣放鬆。有感受到咬肌放鬆的感覺嗎？同樣，這個動作可以重複做五次。

接下來，深吸氣的同時，盡量地向上聳肩，保持十秒。然後吐氣放鬆。有感受到肩膀放鬆的感覺嗎？這個動作可以重複做五次。

……

以此類推，鬆弛全身從頭到腳的肌肉。當身體放鬆下來，你會發現自己的情緒也很神奇地放鬆了。

你可以找一個舒服的位置，但盡量不要睡著，這有利於你體驗完全放鬆的感覺。服裝盡量寬鬆，摘掉不必要的飾品，避免在過程中受到干擾。你也可以先將放鬆步驟錄音，跟隨音訊一起進入狀態。

練習前，可以先審視自己的身體，找到重點部位。比如：焦慮的人常常眉頭緊鎖，所以會感覺額頭肌肉非常緊繃，練習時，可以著重練習這個部位。

希希說：「感覺是很放鬆，可是我才放鬆到肩膀就睡著了。」

如果你也遇到這種情況，沒有關係，或許是你之前肌肉太過緊繃了，或許是此時的你需要的就是睡眠，那就讓自己好好休息一下吧。當你漸漸習慣之後，你會更好地進入狀態。

放鬆練習不只是在「躺平」，它可是把身心連結升級到VIP的關鍵時刻

在日常生活中，即使沒有條件放鬆全身，也可以抽出時間進行局部肌肉放鬆練習，這也能帶來放鬆的效果。

此外，瑜伽大休息式也是一種很好的放鬆方法。通常在瑜伽體式練習結束後，會

有十分鐘的休息時間，老師會讓學員平躺下來，透過引導詞帶領學員一步一步放鬆身體。例如：「想像自己在一個寧靜、放鬆的環境當中……表情放鬆……嘴角放鬆……脖子完全放鬆……肩膀自然放鬆……整個後背完全放鬆……每一個部分都完全放鬆下來。覺察自己的身體還有哪裡依然緊繃。當你去覺察它，它就立刻失去了力量，完全放鬆下來……」

這種想像鬆弛法也是逐漸放鬆肌肉的一種方式，它的作用遠遠不止放鬆身體，甚至比前面的瑜伽體式練習更重要，可以進一步強化心靈和身體之間的連結，調節情緒，緩解壓力和焦慮，提高對身體和呼吸的掌控力。

然而，很多人在參加瑜伽課程時往往只專注在體式練習，忽略了最後十分鐘的放鬆練習，這是非常可惜的。因為如果錯過了這個環節，那麼整個課程的效果將大打折扣。

所以，下一次的瑜伽課，試著完整地體驗最後的瑜伽大休息吧。

整理環境，向雜亂無章說不

你的房間整潔嗎？

希希吐吐舌頭：「我的房間是有點亂，嗯，不止一點。偶爾也會整理，但很快又亂了，索性就不整理了。」

環境和精力管理有關係嗎？

有，並且非常大。

研究發現，混亂的環境會無形中削弱一個人的自我控制感。也就是說，房間愈亂，你對自己的約束力就愈低，就更容易做出一些衝動、不理智的行為決策。

房間亂，人生就更容易「亂成一團」

你的房間是整潔的還是凌亂的呢？

據觀察，許多需要精力管理的求助者往往是房間凌亂的人。這些求助者的共同點是都有「習慣性拖延症」，生活散亂、無頭緒，感到焦躁……常常感覺做了很多事情，但沒有一件做好，甚至有些人對自己所處的環境沒有意識，直到看到照片的時候才意識到自己處於如此凌亂的環境。

衣服隨意堆放，桌上雜物遍布，洗碗槽裡堆積著幾天的髒盤子……雖然看起來這種凌亂的狀態不會影響一個人的日常生活，但會對人的心境產生很大的影響。

很多求助者反思，每次自我管理失控，都是從房間整潔的失控開始的。沒有做好那些看似無關緊要的小事情，最終會導致不自律。

原本以為整理太花時間，亂一點沒關係，可以挪出更多的時間和精力做更重要的事。最後才發現，只有有條理的生活才能讓我們有更好的精力狀態。

臨床心理學家喬登．彼得森（Jordan B. Peterson）提出你需要「清理你的房間」。他認為，房間的雜亂不僅是表面問題，還反映了個人生活中的混亂和自我約束能力的不足。整理物品和環境，可以改變心理狀態，增強自我約束能力，從而對生活和自我發展產生積極的影響。

一些研究也發現，房間整潔度對人的行為和心理有影響。在一項實驗中，研究者將一組受試者置於整潔的房間中，另一組受試者置於雜亂的房間中，並進行自我控制能力的測試。結果顯示，雜亂房間中的受試者在自制能力測試中的得分，普遍低於整潔房間中的受試者。

清理房間就像幫腦袋減壓，愈整理愈輕鬆

研究還發現，不只是你看得到的部分會影響你，未被留意的環境也會潛移默化地影響你，而且這種影響更加深遠，因為它是透過潛意識來實現的。環境透過潛意識給你暗示，你的大腦則會反作用於潛意識並影響周圍環境。

大腦喜歡秩序，混亂的場景會時刻提醒大腦打起精神，不能放鬆。這不僅會消耗認知資源、降低專注力，由此帶來的視覺干擾還會增加認知負荷，減少工作記憶量。

人們常說，房間的狀態就是心的狀態，整潔的環境提供了微妙的線索，引導人們無意識地做出自律的決策。特別是在工作場所，雜亂會引起工作的負面情緒，降低工作滿意度和效率。保持工作空間的整潔，不僅可以讓人們感到愉快和安全，還能提高工作效率，減少事故發生率。

因此，整理與清潔不僅是一種生活態度，還是一種工作態度，能夠對你的生活和工作狀態帶來積極的影響。

所以，想調整狀態，有一種快速且有效的方式，就是調整你周圍的環境和你所接觸的事物。

如果你想調整自己的外部環境，那麼可以先思考一下你想要的生活方式、你內心對於家的期望，愈詳細愈好。

你可以根據自己家的具體情況並結合想像，逐漸形成清晰的畫面。然後問問自己，為什麼想要這樣的生活環境。在明晰了自己想要的生活環境之後，接下來就是找到執行方法的問題了。

如何進行整理收納？

在整理收納這一領域中，有很多不同的方法和流派，我們可以根據個人的喜好來選擇適合自己的方式。

例如，職涯激勵大師蓋爾·布蘭克（Gail Blanke）建議，從處理五十樣不需要的物品開始。比如，只剩一只的襪子、幾年沒穿過的衣服、已經乾掉的唇膏、無法辨認的鑰匙、給你帶來負能量的東西，以及你不知道為什麼留下的東西，你都可以扔掉。報紙、雜誌這類紙製品不論多少件都只能算一樣。你可以為你留下的東西做一份清單。

日本收納專家山下英子提到篩選標準是：必要、合適和愉快。斷絕不需要的東西，捨去多餘的廢物，脫離對物品的執著。誠實地面對自己和物品之間的關係，當下不需要的東西儘管丟棄，這會讓你更明晰自己的生活方式和風格。另一位收納專家近藤麻理惠提出的標準是：問問自己這個物品是否還能讓你怦然心動。

你可以把東西先堆出來，然後親自感受一下，對它還有沒有怦然心動的感覺。你可能會發現被你遺忘許久的東西，你甚至都不記得它的存在。這也是將你的意識完全

「翻出」的一種方法。如此，你就為自己創造了一個面對完整自我的機會。然後，用你的手去碰觸每一件物品，去感受它。它令你心動嗎？將你的心動物品和湊合物品分開，留下心動物品，丟棄湊合物品。

如果你仍然糾結，無法做出決定，那麼最簡單的原則就是：如果你現在手邊有一筆錢，你還會買它嗎？這種方法看似簡單粗暴，但卻實用有效。因為你的內心深處一定清楚自己真正想要的東西是什麼。透過整理，你的大腦會變得愈來愈清晰，感知力也會愈來愈敏銳。

物品不需要很多，但是每一件都是精選出來的，每一件都能讓你心動。朋友其實也不需要太多，書籍、化妝品、首飾和衣物也是如此，留下能讓你感到怦然心動的就夠了。整理並不是要拋棄一切，而是精選出來每一件東西，好好珍惜，過足夠少、足夠好的生活。

如果你實在打不定主意丟棄或留下，可以把物品打包放到櫃子裡，設定一個時間作為篩選節點。如果一年半載你都沒有把它拿出來，你就應該很清楚它在你心目中的位置了。

但很多人也發現，一次清理只能短暫地解決問題，很快自己就會再次陷入混亂之中。這是因為我們還沒有養成整理的習慣。當你再次進行整理，就會比上一次更加簡單、容易。隨著不斷地整理，你會發現，工作量愈來愈小，你已經逐漸將整理變成一種習慣。

希希重新檢視：「在整理之前，我的房間總是特別凌亂，我從來不讓別人進我的房間。有時候我嘗試整理了好幾天，終於清理好房間，可是只需要一秒就又亂了，就不想收拾了。

「課後我回去重新整理，把所有東西都堆了出來。地上、床上全部都是，面對這些東西，我連心跳次數的改變都沒有，更不要提什麼心動了。

「整理再整理，一個星期整理出了七大箱的東西，可是房間居然還是滿的。原來我的房間裡堆了這麼多讓我無

感的東西，那些並不令人心動的東西，也許我永遠都不會使用了。我已經忘記了它們的存在，或許它們也從未讓我感到過真正的喜悅。

「在最終放棄這些東西之後，我發現整理過的房間裡的每一件物品，都在閃閃發光。整理是令人上癮的，完全停不下來。整理完的房間讓人感覺清爽極了。我鋪上絲巾，點上香薰燈，滴上幾滴精油，簡直想邀請好朋友來聚會了。有時，改變或許真的是因為整理這件小事。原來，整理最終的目的，是讓我明白自己真正需要什麼。」

精力充電小技巧

情緒調節其實很簡單，從深呼吸開始！

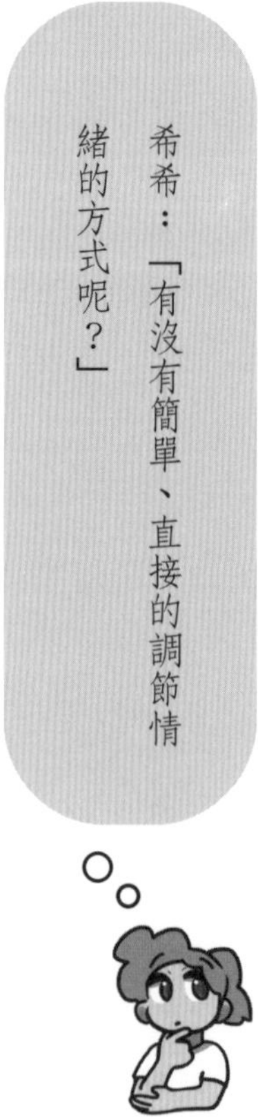

有，呼吸。呼吸是我們與生俱來的本能，俗話說「人活一口氣」，人可以幾天不吃飯，但是無法十分鐘不呼吸。從這個角度來說，呼吸要比吃飯重要得多。人往往會花很多的時間、精力在吃飯上，但你有好好關注過呼吸嗎？

呼吸是維持身體生理系統正常運作的關鍵，人的大腦、心臟、肌肉、內臟等所有器官，都要靠呼吸帶來的氧氣製造能量。我們每時每刻都在呼吸，一個正常人每天大概要呼吸兩萬次，只不過絕大部分情況下，呼吸無須刻意練習，甚至常常讓人忽略它的存在。

呼吸不僅可以提供身體所需的氧氣，也可以排出身體內的二氧化碳和其他廢氣。正確的呼吸方式可以幫助身體正常運作，緩解身體疲勞並放鬆情緒，從而減少心理壓力。所以，呼吸方式會直接影響人的精力狀態和情緒體驗。

你可以評估一下自己常用的呼吸方式。可選擇平躺或是坐在椅子上，雙手輕輕放在腹部，自然呼吸。如果雙手起伏，說明你正在使用腹式呼吸。如果雙手基本不動，反而是胸部起伏，那說明你正在使用胸式呼吸。胸式呼吸和腹式呼吸有些什麼區別呢？

希希感受了一下：「我就是胸式呼吸。」

胸式淺呼吸快出快進，深呼吸才是慢品味，讓你更輕鬆！

胸式呼吸是指主要依靠肋間肌肉上舉肋骨，擴大胸廓，形成身體內外壓力差，將空氣吸入肺部的一種呼吸方式，可以進一步分為淺呼吸和深呼吸兩種類型，兩者主要透過使用不同的肺部容量和肌肉來實現。

胸式淺呼吸時，呼吸幅度不大，呼吸節奏快，呼吸範圍淺，通常只是在肺部上三分之一處進出，沒有完全利用肺部容量呼吸，呼吸次數多而且淺。正因為呼吸較淺，能夠快速換氣，方法相對簡單，所以大部分人都不自覺地採用胸式淺呼吸。

需要注意的是，淺呼吸看似方便快捷，但是不能很好地吸收氧氣和呼出二氧化碳，比如我們緊張時，為了保證充足的氧氣，呼吸通常會變成淺而快的胸式呼吸，由於換氧量不足導致呼吸急促，浪費了過多的能量在呼吸動作上，還可能會引起與焦慮相關的身體症狀，如頭昏、頭暈、心悸和刺痛感等，是一種相對低效的呼吸方法。

所以，在瑜伽活動中，老師會常常提示大家使用胸式深呼吸的方式，比如手放在肋骨下方，去感受氣息充盈整個胸腔，這樣會利用到更多的肺部容量，吸入更多的氧氣和更有效地呼出二氧化碳，從而讓身體更放鬆和舒適。

腹式呼吸像給肚子做運動，讓大腦清醒，身心恢復平靜

腹式呼吸主要透過膈肌（橫膈膜）下壓使胸腔擴張，形成身體內外壓力差，空氣能夠進入肺部的位置更深，吸入的空氣量更多，需要的時間更長。簡單地說，就是呼吸時腹部也隨之起伏。

腹式呼吸又分為順腹式呼吸和逆腹式呼吸兩種。吸氣時腹部隆起，呼氣時腹部向內收的方式，稱為順腹式呼吸。吸氣時腹部內收，呼氣時腹部隆起的方式，則稱為逆腹式呼吸。在日常生活中，我們提到的腹式呼吸大多是順腹式呼吸，相比之下，逆腹式呼吸操作難度較大，最好是在專業人士的指導下進行。

如果大家有留意過嬰兒的呼吸，就會發現嬰兒一吸氣小肚子就

像小氣球一樣鼓起來，一呼氣肚子就癟了下去，這就是一個非常標準的順腹式呼吸。

腹式呼吸是人與生俱來的本能。其實在中國傳統的養生法裡，就強調氣沉丹田，這說的就是腹式呼吸法。因此，腹式呼吸的關鍵是把氣向下沉。

上班族往往長時間久坐，氣息難以下沉，胸式淺呼吸使用得更多，而且長時間用腦，使大腦的耗氧量很大，較易導致腦部缺氧，出現頭暈、乏力、嗜睡等症狀。

我們可以用腹式呼吸進行調節，透過膈肌的運動按摩體內的內臟器官，從而提高大腦和肌肉組織的供氧量，刺激副交感神經系統。這能讓身體保持安靜狀態，增強身心之間的連結感。幾分鐘的腹式深呼吸可以幫助你恢復身體平靜，讓大腦靜下來，對緩解日常憂慮不安情緒的效果也非常好。

次頁專欄是一個簡單的腹式呼吸練習。建議大家先掌握基礎的腹式呼吸練習，打好基礎，然後再去嘗試其他不同的呼吸法。大家可以每天在固定時間練習，每次練習五至十分鐘，至少堅持三週。

如果想要養成腹式呼吸的習慣，你還可以把腹式呼吸融入日常生活當中，例如在睡前運用腹式呼吸放鬆全身，緩解壓力和焦慮，這也有助於改善睡眠品質。在早晨起床時，用腹式呼吸開啟能量滿滿的一天。行走、跑步或工作時，都可以抽空練習腹式呼吸。此外，你也可以利用手機定時提醒，比如每小時設定五分鐘的時間來練習腹式呼吸。

你會發現，透過學習調整呼吸方式，可以改善引起焦慮的生理反應，中止焦慮情緒的惡性循環，讓呼吸成為內在的情緒控制器。

呼吸練習：

像充氣球一樣深呼吸，讓緊張慢慢消失，身心輕鬆如風

步驟一：感受此刻自己的緊張程度，開始的時候，你可以把手放在腹部的位置，這具有提示的作用。

步驟二：深深地吸氣，將氣息向下沉，感受到腹部像氣球一樣慢慢地隆起。

步驟三：屏住呼吸片刻，然後慢慢將氣吐出，同時感受到整個腹腔都在向內回收，腹部像氣球一樣慢慢地癟下來。

步驟四：慢慢吸氣……屏住呼吸……慢慢吐氣，以此類推，做二十次。保持呼吸平穩、均勻，如果練習過程中感到頭暈，暫停十五至二十秒，改用平常的方式呼吸，然後再繼續練習。

步驟五：每次吐氣時，可以默念一些讓人放鬆的詞語，比如「放鬆」、「安靜」等，幫助全身放鬆下來。堅持一段時間後，只要說出這些詞語就可以讓身體處於更放鬆的狀態。

第3課

什麼？我90%的注意力都被浪費了？

——我們的精力有限，卻被無盡的誘惑和選擇消耗掉

希希很苦惱：

「都說魚的記憶只有七秒，但我還不如魚呢。我常常丟三落四，剛放下的東西，一轉身就找不到了。明明話在嘴邊，但就是想不起來。想找A，打開手機，看到了B，又看到了C……看了又看，好不容易放下手機，才想起來，原來我剛才要找的，是A。

「每天想做的事情很多，最後卻一件也沒有做。什麼都想做，但什麼都沒有做好。我的注意力都到哪裡去了？」

你有沒有類似的狀況？

每次假日都下定決心要早起，但總是躺在被窩裡滑了一天的手機，再用各種藉口聊以慰藉。

拖延的工作、散漫的生活讓心情愈來愈糟，積壓的工作愈來愈多，對生活愈來愈提不起勁，於是把更多的時間耗費在網路娛樂中，繼續逃避現實。

我們常常對自己缺乏自控力感到自責，事實上，我們面臨太多的選擇和誘惑，各種平台、商家都在搶奪我們的注意力。

在演算法的推波助瀾下，平台會透過大量資料，猜測你感興趣的內容，從而更有效地獲取你的注意力。而更長的手機使用時間、高度集中的注意力，無一不在告訴其背後的商家：你感興趣。

然而，你的注意力是有限的，因此商家希望能夠更多地占據你的注意力，增加黏性，讓它成為你生活當中不可或缺的一部分。

對於商家來說，這是生意，但是對於你來說，它蠶食了你有限的精力。

所以，你需要好好地盤點一下你的精力資產——注意力。

記錄時間支出，掌控你的時間財富

上課時間是九點，但希希每次都會遲到半個小時。她說：「我真的不是故意的，你看到我遲到了，但其實我凌晨五點就起床了。我以為還有很多時間，東摸摸，西摸摸，等吃完早餐就已經八點了。我預估到上課地點需要半個小時的車程，應該來得及，但每次都趕得焦頭爛額。不論怎麼趕，都是晚半個小時到。」

大家有沒有發現，希希對於時間的估計總是過於樂觀。

有人會說：「每年的計畫根本就完成不了，眼睛一睜一閉，一年就過去了。去年的計畫今年還可以再用，今年的計畫明年還可以再用……時間都到哪裡去了？」

這樣說的人不在少數，特別是在每年年初和年底時格外多。計畫時，我們是「理想我」；年底清算時，是不得不面對的「現實我」。時間是一筆帳，早晚都是要算的。

時間是你的財富，時間記錄就是對時間記帳，了解你的時間都花在哪裡。我們可以從時間記錄開始，建立時間覺知。只有當我們記錄下時間支出，才能更好地掌控時間。

有效管理時間的柳比歇夫時間管理法

亞歷山大．亞歷山德羅維奇．柳比歇夫（Alexander Alexandrovich Lyubishchev）是昆蟲學家、哲學家、數學家。他有七十餘部學術著作，成績驚人。除了學術上的貢獻外，柳比歇夫最著名的，就是他的時間管理法。他在二十六歲時獨創了時間統計法，記錄每件事情的時間花銷。透過對時間的統計和分析，大大減少了時間浪費，改進了工作方法，從而提高了時間利用效率。這一方法被沿用了五十六年之久，直至他去世。下面我們來介紹下他創造的方法，共分為四個步驟。

步驟一：記錄

這個起始步驟是柳比歇夫時間管理法的精髓。他在自己的日記中忠實地記錄了每天花費時間的事件，記錄的誤差不超過十五分鐘。採用的格式是：日期＋事件＋花費時間，每天記錄五至七行。

除了記錄日常工作和時間花費，他每個月還進行月度總結，年末再做年度總結。他對時間管理認真程度甚至比對工作的認真程度還要高。從一九五六年開始，他從未中斷過書寫日記，即使在戰爭年代或住院等特殊情況下，他仍然堅持記錄，甚至在他心愛的兒子去世的那一天，他也一如既往地記錄。因為在他看來，思考和分析都必須建立在一個基礎上，那就是了解。了解自己，了解自己的時間都運用在什麼地方。

一開始的時候，為了記錄用了多少時間，他還常常需要看錶。堅持使用這種記錄時間的方法幾年之後，他慢慢擁有了一種能力，那就是我們說的時間感，不用看錶也能準確地感知時間。對他來說，時間的急流是看得見摸得著的。

步驟二：統計

每個月的月底，他都會把之前每天記錄的基本工作時間加起來，並做好分類，認真統計使用時間的情況。

步驟三：分析

這也是有效利用時間的方法之一。比如：在某一年的年終總結裡，柳比歇夫提到自己經常生病，因此反映在日記中他用於工作的時間相對較少，而閱讀非工作類書籍的時間則增加了很多。

步驟四：回饋

經過記錄、總結和分析，柳比歇夫會制定下一時間段的計畫。根據目前的完成情況，決定在下個時間段裡，每個方面要花費多少時間、達成哪些目標。

總結

第一個步驟是記錄，盡可能準確地記錄時間被用在了哪裡；第二個步驟是統計，以每週、每個月或每年為單位，統計每件事情占用了多少時間；第三個步驟是分析，分析在過去這段時間裡，哪些運用時間的方法是高效的，哪些是可以改進的；第四個步驟是回饋，根據分析結果做出調整，讓自己更有效地利用時間。

柳比歇夫時間管理法注意事項

此外，大家還要注意以下四點：

及時記錄

避免做完多項任務後再回頭一起記錄，要一事一記。最好可以精確到分鐘，如果有漏記可以隨時補記。我們的時間使用是有慣性的，觀察你的用時習慣可以找到你的時間浪費在哪裡，以及意識到還可以如何優化時間使用。

形成習慣

時間記錄方法非常簡單，簡單到很多人甚至不屑一顧。但實際上能堅持下來的人少之又少。柳比歇夫數十年如一日地記錄，已經對時間有了本能的感知，所以能夠準確地判斷自己在某件事上花費了多少時間。如果你想改善自己的用時情況，增強對時間的掌控感，可以試試此方法，收穫會超出你的想像。

當你養成習慣，在每件事情結束之後習慣性地記錄一下，你會發現，其實這不需要花費什麼力氣，因為它就是你生活當中很自然的一部分。你會更清楚地了解你的時間都花在了哪裡，你還可以怎麼好好地運用你的時間。

多鼓勵

如果你是第一次做時間記錄，可以多鼓勵自己，多進行心理建設。你可能會驚訝地發現自己浪費時間的程度超出了想像，而你對時間流逝的「黑洞」居然一無所知。

這個過程也許會有挫折，也許中途會想要放棄，但沒有關係，大部分人都是從這樣開始的。我們總要學著接受「理想我」到「現實我」之間的差距。

從最簡單的方式開始

市面上有很多時間記錄的工具，但我推薦最簡單的工具，即筆和紙。手機應用軟體（App）看似方便，但如果沒有自控力，很快就會被手機上其他的應用軟體吸引。不要強調客觀條件，只要有紙筆就可以開始記錄。先讓時間視覺化地呈現在你的面前，讓時間被看見。

希希：「記錄幾天之後，我發現量化時間，緊迫感也會隨之而來。我有效利用的時間是如此之短，而留給娛樂的時間是如此之多。」

按重要性排序，把時間放在「對」的事情上

記錄時間可以讓你更好地規畫、安排時間。一旦開始記錄時間，就會更清楚了解

自己把時間花在哪些事情上、哪些時間段最高效，以及是否充分利用了高效時間段。

時間花在哪裡是看得見的。你是花在了家庭、健康、工作上，還是打遊戲、滑手機上？未曾鍛鍊過的身體看不出運動的痕跡，未曾思考過的大腦一張嘴就暴露無遺。你的時間花在了哪裡，決定了你會變成什麼樣的人。所以，想要變成什麼樣的人，就需要把時間優先花費在那些你認為重要的事情上。

希希：「我覺得都挺重要的，什麼都不想捨棄，所以眉毛鬍子一把抓，不知道從哪裡開始。」

重要性是什麼呢？這只可意會不可言傳，更多的是你內心的感受，取決於你覺得什麼東西比較重要。

時間是最公平的資源，每個人每天都只有二十四個小時，沒有人能夠透過權勢、地位和金錢獲得更多時間。

如何利用時間，更是一種選擇。如果對方說「不好意思，我沒有時間跟你吃飯」，他是真的沒有時間嗎？如果說今天這頓飯，出席者當中有他覺得非常重要的人，他又會作何選擇？事實是，他不是沒有時間，只是你沒有那麼重要而已。不是所有的事情都值得擁有時間。你要把時間放在更重要的事情上。所以，請記得如何利用時間需要選擇，這基於你心目中重要性的排序。

美國伯利恆鋼鐵公司曾因瀕臨破產，其總裁向效率大師艾維．李（Ivy Ledbetter Lee）諮詢求助。艾維．李耐心地聽完其煩惱，請他拿出一張白紙，寫下第二天他要做的全部事情，並要求他按照事情的重要順序，分別從1至6標出六件最重要的事情。

艾維．李建議，每天一開始，請全力以赴地做好標號為「1」的事情，然後再全力以赴地做標號為「2」的事，依次類推……一般情況下，只要每天能全力完成這六個最重要的任務，那麼他一定是一位高效率人士。即使做不完所有的任務也沒有關係，因為最重要的事情已經完成了。

在諮詢的一年後，艾維．李收到了一張來自伯利恆鋼鐵公司的二．五萬美金的支票。在諮詢的五年後，伯利恆鋼鐵公司一躍成為當時全美最大的私人鋼鐵公司。

這個方法說起來非常簡單，其中的三個關鍵步驟如下：

1. 把你每天要做的事情列出來。
2. 按重要次序分類，從重要的事情做起。
3. 每天都這麼做。

揮別瞎忙人生的時間管理矩陣

對於分類，美國著名管理學家史蒂芬．柯維（Stephen R. Covey）提出了一種被廣泛運用的「時間管理矩陣」（或稱為時間管理四象限），把工作按照重要性和緊急性進行劃分，基本上可以分為四個「象限」：重要且緊急、重要但不緊急、不重要但緊急、不重要且不緊急。

第一象限——重要且緊急

這類任務有緊迫的時間限定，如果未按時完成會有不良後果。例如危機事件、緊急救援或其他重要前置任務，這些任務必須優先完成。此類任務要愈少愈好，如果較多，說明風險控制不足、規畫不夠。

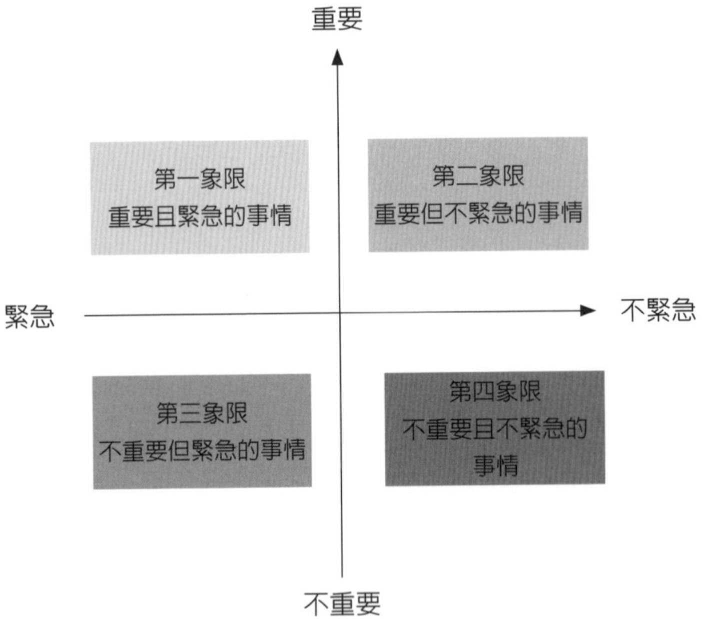
重要
第一象限
重要且緊急的事情
第二象限
重要但不緊急的事情
緊急
不緊急
第三象限
不重要但緊急的事情
第四象限
不重要且不緊急的
事情
不重要

時間管理矩陣

第二象限——重要但不緊急

對這類任務的投入可以獲得更大的、長期的收益。雖然非常重要，但並不急迫，不需要立即處理，可以根據自己的時間安排而完成。即便如此，如果處理不當，將很容易導致緊急事件的發生。我們應該將主要的精力和時間投入到這類任務上，還需要充分考慮規畫和風險管理，這樣才可以未雨綢繆，防患於未然，做得愈好就會愈少出現緊急情況。

第三象限——不重要但緊急

這類任務是突發、臨時的，需要立刻處理，但實際收益並不明顯，可以把它們放入低優先順序中，也可以延遲處理，或者授權他人去處理。

第四象限——不重要且不緊急

這些任務既沒有時間限制，也沒有實際收益，或者實際上都和你沒什麼關係。例如無聊的社交活動、滑手機等瑣事。這些事情可以少做或者不做。

當你對事情進行分類之後，每天要做事情的先後順序一目了然。可是，好多人發現，即便知道了這個方法，還是沒有辦法有效執行。

有沒有更簡單一點的方法？

我們可以按照這個分類思路，給事情貼上紅、黃、藍、綠等不同顏色的標籤，直接用顏色來區分。比如：你可以先列出今天要做的事情，然後用紅色的標籤貼出三件事。你會選哪三件事？接著，用黃色的標籤貼出三件事。你會選哪三件事？然後，用藍色的標籤貼出三件事。你會選哪三件事？最後，用綠色的標籤貼出三件事。你會選哪三件事？

看，這不就已經區分出來了嗎？也許你認為最重要的事並不是世俗意義上最重要的事情，但是在你心目中它就是最重要的事情。直截了當，無須糾結。

首先，把紅色的事情，即那些在你心目中占比更重的事情做了。也就是時間管理專家常說的，「先吃掉那隻青蛙」[3]。然後再去做黃色的事情。一旦完成這些黃色的事情，你的主要任務就完成了。如果有多餘的時間，可以去做藍色的事情。如果沒有時間，可以請別人幫忙。至於綠色的事情，可做可不做，如果有時間就做，沒有時間可以不做。逐漸養成這種習慣後，你會更清楚地分辨事情的輕重緩急，學會適度捨棄，勞逸結合。

這種方法簡單實用，尤其適合內心混亂、不會規畫的人。同時，它也有助於我們更清楚每個任務的重要性和緊急程度，更好地安排時間、完成任務。

使用顏色劃分這些任務，你的工作處於什麼情況一目了然。在做決策時，你可以按照顏色來取捨和判斷，形成習慣後，效率自然就會逐漸提高。

此外，別把工作都抓在自己手裡，要學會分派任務，這對你和別人都是一次成長的機會。你找出那些不必親自做的事情時，可以考慮找最佳人選來處理它們，並追蹤事情的進展。

時間管理專家一致認為，要將任務分出輕重緩急，並將時間用在最重要的事情上。那些不那麼重要的事情則可以分派給其他人去做，甚至可以先放在一邊。

當然，任何人的經驗只是參考。你只需記得，在沒有頭緒的時候，先解決對你來說最重要的事情。

3　來自博恩·崔西（Brian Tracy）《時間管理：先吃掉那隻青蛙》，「青蛙」是指需要完成的工作。先吃掉那隻青蛙，意思是先完成最重要的事。

柳比歇夫時間管理五大守則

守則一：不要為了完成工作而放棄自己的興趣愛好。

守則二：不接受緊急的任務。

守則三：當感到疲勞時，立即停下工作並休息一下。

守則四：保證睡眠時間，每天十小時左右。

守則五：把繁重的工作和愉快的工作結合在一起。

柳比歇夫會利用每天精力最充沛的時間段完成第一類工作，這段時間也是他最看重、最認真總結和分析的時間。在精力沒有那麼集中的時段，柳比歇夫會處理一些第二類工作，透過合理安排工作類型，真正做到了不虛度每一分鐘。

手機誘惑多，隔離干擾，重拾注意力

「每天做的都是不重要且不緊急的事，可是又沒有辦法控制，怎麼辦？」

「只要我一拿起手機就完全沒有辦法停下，不停地往下滑，完全不受控制。」

「不是我不自律，是這個世界的誘惑太多。我本來沒什麼要買的，滑著滑著就買了一堆不需要的東西回來。」

「我只要一離開手機就六神無主，總覺得錯過了什麼重要的事情，心神不定，寢食難安。」

這是許多求助者的常見狀況，他們一次次地對生活失去控制，讓自己陷入習得無助感之中。

我們生活在一個精神誘惑層出不窮的時代。特別是在大數據時代，我們面臨著千人千面的個性化誘惑，只要手指一滑，大數據就會投其所好，精準推送廣告資訊，你總會發現適合你的產品。

按理說，我們是手機的主人，可是一不小心就被手機所控制。手機已經成了蠶食我們注意力的大戶。但只要我們意識到這個問題並進行調整，我們就可以奪回更多寶貴的時間。

有人會認為手機只是放在旁邊，不去看就不會受影響。真的是這樣嗎？

有一個心理學的實驗，實驗中的參與者被分為兩組，一組被安排完成簡單的任務，另一組被安排完成複雜的任務。變數是參與者能夠選擇手機的放置方式：螢幕朝下放在桌子上、放在口袋中或放在另一個房間中，同時關閉所有提示音和震動以避免被干擾。

你能猜到實驗結果嗎？

在這個認知測試中，將手機放在另一房間的人表現最好，其次是將手機放在口袋中的人，最後才是將手機放在桌子上的人。即便是參與者關閉了手機，也得到了類似的結果。

由此，我們可以發現，即使沒有注視手機，但只要手機在旁邊，就會對我們的思考和解決問題的能力帶來不良的影響。也許我們的生活離不開手機，但偶爾可以試著讓自己擺脫手機的控制。

當面對很多外界誘惑的時候，我們需要抵抗誘惑的意志力就更多，而意志力本身就是奢侈品。所以，面對誘惑，我們常常是勝少輸多，就像減肥的人在家裡放著一堆美食一樣，很大機率是會失敗的。

最好的方法是透過物理隔離（看不到、接觸不到）來避免誘惑，而不是讓意志力在不必要的考驗中逐漸耗盡。所以，想要戒掉零食的人，要盡量不買零食；想要戒掉手機癮的人，要讓自己離手機遠一點。

當我們面對眼花繚亂的資訊時，很容易被它們所吸引。但是，我們真的需要這些資訊嗎？實際上，這些資訊可能讓我們上癮，消耗我們的精力，並超出大腦處理資訊的能力範圍。一旦陷入其中，反而會對我們的生活造成較大影響。或許我們需要與它們適當隔離了。

還記得沒有智慧手機的日子嗎？那個時候，人們不也如常生活？

你是否真的需要關注這麼多的粉專？你會發現許多文章都千篇一律，用聳人聽聞的標題來吸引注意力。再看一眼通訊錄，你會發現有許多好友根本沒有聯繫過。被那些陌生人的資訊消耗了大量的時間後，你會不會反而疏忽了你最珍貴的朋友呢？

就像我們的環境需要整理一樣，你也可以定時清理你的App、粉專、朋友圈……當你不停地篩選的時候，真正讓你心動、感興趣的東西就會呈現出來。不確定的東西可以先放在一個資料夾內，如果長時間不使用，說明你沒有那麼需要它們。

有些人嘗試了一些可以鎖定手機螢幕的應用，以控制自己的使用時間。在這段時間內，你無法使用其他應用程式。不過，這對於意志力非常薄弱的人或許是種考驗，不少人一開始是為了鎖手機程式才拿起手機，可是只要一拿起手機就沒有辦法忍住不看。所以，中間程式愈多，就愈會消耗我們為數不多的意志力。

希希說：「我給自己準備了一個定時手機盒，手機裝進

去之後，設置時間，到規定時間之前是沒有辦法打開的。比如，設定兩個小時，在這段時間裡，手機像被關在監獄裡一樣，就算網癮發作，不到時間它也無法拿出來。」

這也不失為一種物理隔絕的方式，如果你不想被手機干擾，可以在意志力強的時候將手機鎖起來，設定一個打開的時間，並將其放遠一點。漸漸地，你會感受到不受手機干擾的好處。

還有人會設定「手機斷食日」，類似於食物斷食日，你可以選擇每天設定幾個小時的「斷食」時間，或者每週設定一天的「斷食」時間。

只要你願意嘗試，物理隔離的方式還有很多。開始嘗試的時候，你或許會很不安，甚至手指不知如何安放，慢慢習慣後你會發現，其實你並沒有錯過什麼。更重要的是，你找回了自己的注意力。

精力充電小技巧

寫數字、聚焦提示物、練樹式，幫你集中注意力

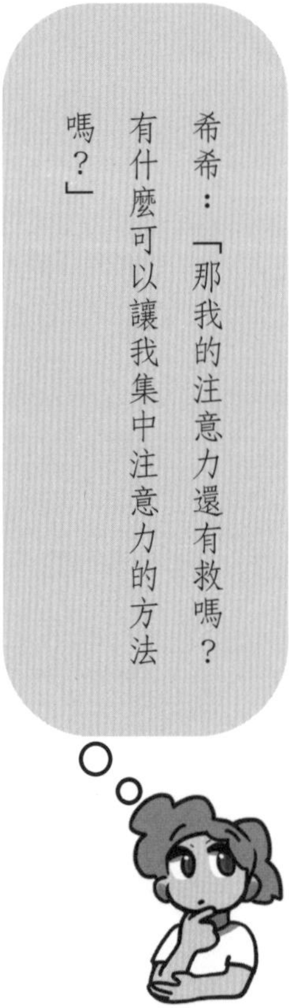
希希：「那我的注意力還有救嗎？有什麼可以讓我集中注意力的方法嗎？」

在眾多注意力訓練方式中，以下三個小練習相對簡單、易操作，你可以利用碎片時間進行練習，以便更好地找回注意力。

寫數字訓練注意力

「寫數字注意力訓練」可以從數字1開始寫，「1，2，3，4，5，6，7，8……」如果出現寫錯或者漏寫，那就再重新從1開始寫。書寫時要注意間距和書寫規範。寫數字一旦走神，或者想寫快、寫多，手就會很難跟上思考，出現寫錯數或者寫亂的跡象。這個訓練無論是對於小朋友還是成年人都非常有效。許多成年人的注意力集中程度還不如小朋友。

對於一般成年人來說，五分鐘之內寫兩百個數字是沒有問題的。當你感覺到注意力無法集中的時候，就可以花五分鐘練習寫數字。在訓練過程中觀察自己的狀態，你是可以靜下心來，還是錯漏百出……寫數字是最簡單但也最考驗耐心的過程，如果你能夠在令人感到枯燥的事情上保持專注力，那麼在其他事情上就能有更持久的專注力，時間也會被利用得更充分。

提示物幫助集中注意力

集中注意力是提高效率的關鍵。研究發現，當你將注意力集中在頭部後方某一點，並和你的視線在一條線上時，你的注意力就會更加集中於眼前的事物。史丹佛大學教授保羅・席利（Paul R. Scheele）發現，許多有閱讀障礙的人很難集中注意力在某一點上，而有較強閱讀能力的人則能更好地控制自己的注意力。在閱讀過程中，將注意力集中於後腦勺上方，即視覺的最高中樞附近效果最佳。

「橘子集中法」，就是一種將注意力聚焦在理想位置上，使身體和頭部瞬間形成「精神集中的放鬆狀態」的技巧。

現在我們一起來試試看。

請你坐在椅子上，雙腳打開，與肩同寬，雙手自然放在雙腿上。身體坐直坐正，慢慢地閉上眼睛，開始深呼吸。吐氣的時候將注意力放在你的肩膀上，肩膀自然向下鬆沉，慢慢放鬆下來。好，就這樣，這裡是安全的。你隨時可以停下來，讓這種放鬆的感覺慢慢地傳遍全身。

現在，想像你的手上有一顆橘子。你用右手拋起它，用左手接住，在兩手之間拋來拋去。接下來，用右手將橘子拿到後腦勺上方約十五公分的地方，停留在這裡。接著把手放下，放鬆肩膀。想像橘子還停留在那裡，慢慢閉上眼睛，感覺一下，你動的時候，橘子也跟著動。它始終和你保持平衡，你會感覺即便在放鬆的時候，注意力也會非常的集中。現在，請你慢慢地睜開眼睛，開始學習和工作。

開始時，你需要有意識地進行，熟悉做法之後，當你需要專注時，只要閉上眼睛想像頭部後方有一顆橘子，再睜開眼睛，你就能夠進入一種相對集中的狀態，身體也能夠自然地放鬆下來。這種身體放鬆、精神集中的狀態，也能在其他活動中發揮很大的作用。

當然，這是心理暗示加上刻意訓練的結果，因為專注也需要一定程度的自我暗示的參與。剛開始使用時，你可能還不太習慣，練習一段時間後，你就可以慢慢把它變成一種習慣，快速集中注意力。在這裡，橘子只是一個提示物而已。如果你不喜歡橘子，也可以是蘋果，或者其他任何東西，關鍵不是橘子，而是注意力的位置。

樹式瑜伽強化平衡感、提升專注力

當注意力難以集中時，你可以嘗試練習這個瑜伽體式——樹式，來幫助自己調整狀態。

練習樹式可以很好地增強腿部力量，提高身體平衡感，調整身體形態。它使你像一棵深深扎根於土地的大樹，穩重而沉靜，能夠幫助你清除多餘和消極的想法，重新整理雜亂的思緒，以回歸清澈的心靈狀態。這種平衡動作需要一定程度的專注力，無法安心做一件事的人，可以多練習這個體式。

該體式基本要點如下：

1.站立時，重心由單側腿承擔，腳掌和腳趾要均勻貼地，盡量使重力均勻分布在整個腳底。

2. 骨盆擺正，避免傾斜。
3. 雙眼平視前方，保持穩定。
4. 保持平緩、自然的呼吸。

樹式瑜伽

對於高血壓和心臟功能不佳的人，練習此動作時雙手在胸前相合即可，無須舉過頭頂。

我們的注意力並非一成不變，會在生活中逐漸消退，但也可以透過訓練逐漸找回來。當我們開始重視注意力管理，便能更敏銳地感知它的流動，從而更好地掌控精力，掌控生活。

第4課

我的大腦怎麼又「短路」了？

——保持精力充沛的關鍵在腦力管理

希希說：「感覺好累，可又說不出來是哪裡累。」其他人也有同感：「我也是，頭腦一直昏昏沉沉，注意力無法集中，經常會走神。」「也沒有做什麼，但卻常常感覺疲倦。」「即使已經睡足了，但還是感到說不出的累。」

愈睡卻愈累，不是身體累，而是大腦累了

相信有同感的人不在少數吧？如果你出現這些症狀，說明你不是身體累，而是大腦累。

你需要管理大腦了！

其實，大腦管理就在我們日常生活的點點滴滴當中。

當我們面臨太大的壓力時，身體會分泌大量的皮質醇，它會搶占腦部的能量來源葡萄糖，並破壞腦部神經元，進而影響神經元的正常運作。

大腦是一個負責思考的器官，但往往被誤認為是一個儲存器官。大腦喜歡處理簡單任務和有期限的任務。大腦很容易疲勞，需要休息和恢復。

事實上，疲勞感本身就是一種腦部現象，換句話說，是「腦疲勞」將「好累」的感覺帶進了你的心裡。腦疲勞和身體上的疲勞有根本差異，即使身體得到充分休息，腦疲勞也仍然可能在不知不覺中累積。一旦腦疲勞慢性地持續積累，大腦在各方面的表現就會愈來愈差。

成千上萬的人願意花精力、金錢來鍛鍊肌肉，卻忽略了身體最重要的器官——大腦。

所以，這節我們來聊聊精力管理的關鍵——腦力管理。

三妙招
讓你迅速緩解腦疲勞

大腦作為身上最精密的儀器，你有好好照顧過它嗎？

當你想要放鬆的時候，會做什麼？很多人會選擇滑手機、打遊戲來放鬆，卻不知這樣會讓你愈來愈累。

當你每天高強度用腦，卻不知道如何放鬆時，很容易出現用腦過度的情況，例如頭昏眼花、聽力下降、四肢乏力、嗜睡、注意力難以集中、記憶力下降、頭疼和嘔吐等。

在人類五感中，視覺所接受的資訊占大腦接收資訊的80%。由於來自眼睛的資訊刺激非常強烈，大腦需要透過多個步驟處理從眼睛獲取的顏色、形狀、運動等資訊。因此，這需要大腦長時間持續不斷地處理資訊，這種狀態一旦持續時間過長，疲累就會產生，精力不足馬上隨之而來。

下面介紹三個有效的小妙招，大家想要快速緩解腦疲勞的時候可以用起來。

妙招一：眼部放鬆法

我們可以選擇物理消除疲勞的方法，透過護眼來護腦。日本睡眠治療師松本美榮認為，眼睛被稱為「裸露在外的大腦」，與腦疲勞直接相關。

在這個高速運轉的時代，眼睛經常看不斷切換的螢幕，過度用眼在所難免。其實讓大腦休息最快的方法就是閉上眼睛，減少視覺刺激。透過緩解和消除眼部疲勞保護大腦，提高效率。

我們可以嘗試短暫地閉上眼睛三至五分鐘，阻斷外界資訊，這樣就足以讓我們高速運轉的大腦進行短暫的休息，讓這枚高速過熱的CPU（中央處理器）緩解下來。

如果在這時進行暖眼，就能有效緩解眼睛疲勞。現在我們可以一起來嘗試一種眼部放鬆的方法。

首先，將毛巾浸濕，擠乾水後在微波爐中加熱，然後從後腦勺的髮際線處開始熱敷。當後腦勺足夠溫暖時，將熱氣騰騰的毛巾放在雙眼上，溫暖眼部周圍。熱毛巾不僅可以溫暖後腦勺和眼睛，促進血液循環，還能讓副交感神經占優勢，讓身體進入放鬆狀態。

當眼周區域得到放鬆時，可以按摩眼周進一步緩解眼睛疲勞。緩解眼部疲勞分為三步驟。

第一步，按摩上眼眶，將拇指側向，輕輕按壓。

第二步，按摩下眼眶，用食指、中指和無名指輕輕按壓，保持「按壓三秒＋放鬆三秒」的模式，重複三組。

第三步，按摩太陽穴，用食指、中指和無名指輕輕按壓，手指緩緩轉動六至十次。這個方法可以有效消除眼睛疲勞，讓你在工作狀態與休息狀態間自如切換。

妙招二：鼻孔交替呼吸法

我們每時每刻都在呼吸，呼吸雖自然但不簡單。

如果平常你有留意，會發現兩側鼻孔氣流的流動速度會略有差異，通常只有一個鼻孔處於活躍狀態，有時是右側，有時是左側，這也是你當下狀態的一種反映。

其實呼吸也需要平衡。在古印度，瑜伽士就常用鼻孔交替呼吸法進行平衡。

這種呼吸法被稱為「納迦鼻息法」（Nadi Shodhana Pranayama）或「陰陽鼻息法」（Anulom Vilom Pranayama）。印度阿育吠陀自然療法中提到，透過有意識地交替使用左右鼻孔來呼吸，可以調整和平衡身體與心靈的能量。這種方法被瑜伽士視為一種能量清潔和修復的方式，有助於提升注意力、放鬆身心、緩解壓力和焦慮等。

根據瑜伽生理學的觀點，左腦連結身體的右側，右腦連結身體的左側。為了保持身體的平衡和協調，我們應該確保兩側呼吸均衡，避免偏廢一側，另一側的功能受到抑制。進一步的研究還表明，透過調整呼吸，我們能夠對自律神經系統的活動產生影響。

具體來說，左側鼻孔呼吸可以增加副交感神經的活動，從而降低心率和呼吸率，給人帶來平靜、放鬆的效果，但若過度使用，則易產生疲倦、無力等不良反應。

相對地，右側鼻孔呼吸可以刺激交感神經的活動，提高心率和呼吸率，讓人更加興奮。需要注意的是，適度使用此種方法可以讓人保持積極進取的狀態，過度使用則易導致亢奮和焦慮。

為了實現平衡，我們可以透過練習鼻孔交替呼吸法，來平衡左右鼻孔的呼吸，放鬆交感神經，啟動副交感神經，並促進身心的整體運作。

在我們感到精神萎靡、疲憊不堪時，進行五分鐘的鼻孔交替呼吸法可以有效啟動大腦、改善表現、提升思維清晰度。這個方法也特別適合在冥想之前進行練習，現在我們就來試試這個方法吧。

1.選擇一個比較舒適的坐姿，肩膀自然放鬆，不要緊繃。

2.將右手大小拇指比作六字形，一個手指控制一側鼻翼。

3.右手大拇指先按壓住右側鼻翼，用左鼻孔呼吸。吸氣時將氣息帶到腹部，感受腹部的運動幅度，重複做九次。

4.右手小拇指再輕輕按住左側鼻翼，換右鼻孔呼吸，重複做九次。

5.繼續用手指控制呼吸，先用右鼻孔吸氣，再用左鼻孔呼氣，然後用左鼻孔吸氣，右鼻孔呼氣，重複做九次。

請注意，不要過度用力壓鼻子，只需輕輕按住即可。初學者可以先從做九次開始。感到精力不濟時，可以隨時隨地使用這個方法。

妙招二：音樂調頻法

還有一個小妙招——音樂調頻法，它可以幫助我們快速切換狀態。許多求助者使用此方法後都覺得非常有效。

音樂的頻率、節奏和有規律的聲波振動是一種物理能量，這種能量能夠引起人體細胞組織和諧共振，從而直接影響人的腦電波、心率和呼吸節奏。

科學家指出，人們身處悅耳優美的音樂環境中時，可以有效地改善身體的許多問題，如神經系統、心血管系統等。此外，音樂聲波的頻率和聲壓能夠引起心理上的反應，從而提高大腦皮質的興奮性。

從心理的角度來說，好的音樂不僅可以改善情緒、激發情感、振奮精神，還有助於消除心理和社會因素造成的不良心理狀態，提高調適壓力的能力。

當大腦感覺疲勞時，可以透過切換不同類型的音樂來快速調整狀態，這是一種非常好的切換大腦工作模式的方式。

當然，並不是所有類型的音樂都適合作為調頻音樂。研究也顯示，如果在閱讀時播放不喜歡的背景音樂，閱讀理解的成績就會變差。

每個人都有自己的音樂偏好，有人喜歡嘻哈音樂，有人喜歡古典音樂……這種偏好不光與音樂的風格和類型有關係，同時也受人格特質等個體因素影響。因此，並沒有適合所有人的歌單，你可以建立自己的音樂清單。

例如，我有各種不同的音樂清單，包括放鬆、冥想、做瑜伽、跑步等不同場景的音樂清單。當我需要切換不同「頻道」的時候，我就會點開不同的清單。

剛剛睡醒，想要讓大腦興奮、讓身體振奮時，點開運動音樂清單；需要平靜地寫作時，點開專注力音樂清單；進行瑜伽練習時，點開瑜伽音樂清單……音樂可以更好地喚醒大腦，讓大腦切換到不同的功能區，更快地進入狀態。

在選擇音樂時，我通常會選不帶歌詞或歌詞比較少的唱誦音樂。因為一般的歌詞裡都會有作詞人打造出來的情境，也會傳遞出很強烈的情緒。如果沒有歌詞、沒有別人的參考答案，反而會有無限的想像空間，這也是音樂的迷人之處。

當然，這只是我的偏好。現在，你可以動手找適合自己的清單。一開始，你可以從音樂平台推薦的清單做篩選，聽到比較有感覺的歌曲，就把它加入你的清單中。

最後要強調的是，想擁有一個健康、有活力的大腦，要從用腦習慣開始改善。本章後面幾節也會給大家介紹一些練習方法，只要堅持練習，就可以有效改善腦疲勞的情況。

經常練習冥想為大腦充電

在這個資訊充斥的時代，我們每天都要面對大量資訊的轟炸。我們已經習慣了一心多用，享受著感官的刺激，在各種媒介中不斷遊走。我們忙於填滿所有的時間，生怕錯過任何資訊。我們對「忙」上癮，對「做事」上癮，甚至對「思考」都上了癮。我們常常感覺自己好像節省了時間，但好像又忘了真正的感受是什麼。

冥想就是最簡便、實用的大腦充電方法之一，已經被廣泛應用於身心療癒之中。Google公司為員工提供冥想培訓，哈佛商學院的領導力課程中也加入了冥想的課程。比爾．蓋茲說：「冥想是一個非常好的工具，可以提高我的專注力，幫助我從各種繁雜想法、思緒中抽離出來，刪繁就簡。」

冥想可以讓我們的身心更加專注，讓大腦變得更加敏銳。科學實驗證明，當你進入冥想狀態時，大腦活動會呈現出規律的腦波，冥想可以讓我們的左腦平靜下來，讓意識傾聽右腦的聲音，這樣腦波會自然地轉入 α 波狀態。此時，想像力、創造力與靈感會源源不斷地湧現。同時，我們對於事物的判斷力、理解力都會大幅提升，身心也會呈現安定、愉快和心曠神怡的感覺。

我們感受到痛苦時，可以透過冥想觀察和感受情緒的變化，從而提升自身問題處理能力。

研究發現，練習冥想的人在受到焦慮干擾的時候，可以更快地調整自己的腦波狀態，促進大腦區域之間的合作，從而提高自我控制能力和認知功能。

開會累了冥想一會兒，伏案久了冥想一會兒，精神緊張的時候冥想一會兒，睡不著覺、休息不好的時候冥想一會兒。

只需要幾分鐘的時間，你就能夠把大腦清空，整個人鬆弛下來，並迅速進入沉靜、忘我的狀態，大腦就像充滿了電一樣。

隨著冥想的流行，冥想的類別也愈分愈細，愈分愈多。我們只需要掌握基本原則，然後根據需求進行適當的調整即可。

冥想準備：創造安靜舒適的冥想環境

在進入正式冥想階段前，要做以下準備：

1. **選擇安靜的環境**。對於初學者來說，處於安靜的環境會更容易進入狀態。可以選擇在一個安靜、私密的地方進行冥想，並盡可能減少外界的雜訊。如果沒有條件，也可以播放一些音色柔和的樂器聲或自然之音，比如海浪聲、蟲鳴聲等。

2. **穿著舒適的衣物**。如果天氣比較冷，記得加衣服，盡量避免受到外界溫度的影響，過冷或者過熱都會干擾初學者進入冥想狀態。

3. **選擇自在的冥想姿勢**。在開始冥想之前，可以做一些簡單的伸展運動放鬆身體，避免身體僵硬影響冥想效果。開始冥想時，可以選擇一個舒適的坐姿，如傳統的蓮花坐或半蓮花坐，如果覺得有難度，也可以選擇自然坐姿，背部挺直，下頜微微向後收，感覺脊椎和頸椎呈一條直線。初學者可以選擇坐墊子來輔助身體的調整，更好地保持正確坐姿。找到頭頂被輕輕向上拉、坐骨向下沉、脊椎充分伸展的感覺。在熟練之後，你就會體驗到冥想的好處，無論是仰臥或是行走，無論是睜眼還是閉眼，你隨時隨地都能進行冥想。不過，作為初學者，建議先從閉上雙眼的坐姿開始。

4. **使用輔助物**。有人會需要一些外物來輔助進入狀態，如蠟燭、薰香等。例如，我會使用檀香精油來營造冥想的氛圍。如果有能讓你感到舒適和放鬆的方法，你就可以使用它。

5. **專注呼吸**。呼吸是所有冥想中最基礎、通用的內容。透過跟隨呼吸的律動，你的思緒會逐漸平靜下來。因此，在進入冥想狀態之前，可以從腹式呼吸開始做起。感受腹部像氣球一樣，隨著你的呼吸一起一伏。

6. **嘗試想像**。想像是冥想中的一種常用方法，你可以根據自己的喜好來構建一個能讓你感到平靜的場景，例如一片溫暖的沙灘、一座靜謐的森林，或是一望無際的天空等。這些場景並不需要非常逼真，只要營造出氛圍就可以了。

7. **使用身體掃描法**。可以有意識地將注意力集中在身體的某一部位上，然後對其進行掃描，並有意識地放鬆這個部位。接下來逐一掃描放鬆全身，在放鬆身體的同時，其實也是在放鬆你的大腦。

接納冥想中的雜念，把注意力集中在呼吸上

一開始進行冥想常常會遇到的狀況是，想頭腦放空，但一些思維和畫面卻不請自來。比如「晚上吃什麼？」「下班後有什麼安排？」「剛才老闆是不是暗示什麼？」等。不必擔心，這是每個剛接觸冥想的人都會面臨的問題。

還記得房間裡那隻白色的大象嗎？如果你強行阻止這些念頭出現，那麼你會發現愈阻止，它們反而愈強烈。當發現自己的腦海中產生了一個念頭時，你可以去觀察它，它就是你此時的狀態，去覺察干擾你的到底是什麼，靜靜地看著這個念頭。這個時候，不要評判或責備自己，只需要把注意力重新集中在呼吸上，這個重新集中的過程對大腦也是一種很好的訓練。

所以，放輕鬆，愈是放鬆，冥想的程度就愈深。在冥想中，一個很重要的部分就是允許和接納。你的懷疑、你的不滿、你的雜念，其實也是生命的一部分。你只需要看著它就好。

你可以計畫好冥想開始和結束的時間，每天在固定的時間進行冥想練習，使其成

為習慣。如果想達到更好的效果，要避免剛用餐之後，或是疲倦和昏昏欲睡時冥想。

對於初學者來說，可以從每天練習十分鐘開始，熟練後再逐漸延長練習時間。練習是開啟冥想之門的鑰匙。如果經常練習，你就會更容易啟動大腦，讓頭腦更為清晰、明朗。

簡單方法助你高效運轉、提升大腦效能

我們的大腦只有這一顆，無法像電腦一樣升級換代，也沒有辦法安裝一個容量更大的硬碟，但我們可以思考如何讓大腦的容量擴大，持續地高效運轉，提高處理速度。這需要我們會使用大腦說明書。

希希問：「可是，大腦太複雜了，有沒有什麼簡單快捷的方法是我們馬上就可以用的呢？」

當然有，比如以下幾種方法是現在比較常見的。

專注單一事務，避免多工處理以提升效率

在生活中，人們常常一心多用，覺得這樣效率更高。但事實真的如此嗎？

研究者在實驗中發現，給大腦同時施加多重任務，並不會讓我們變得更高效，反而會降低工作效率。

通常來說，大腦每次只能集中精力處理一項事務。如果同時處理兩件以上的事情，處理其中一件事的注意力就會受到抑制，以保證有多餘的精力去處理其他的事務。這樣來回切換注意力會消耗大量腦力。所以，為了更好地實現目標，最有效的方法是一次只給大腦安排一件事務。

有人常常一邊開車一邊講電話，覺得這是順理成章的事，但其實所謂的同時多工處理，只不過是做了任務間的切換罷了。

研究者指出，大腦不擅長同時處理多件事情，而且不同人的切換、反應速度也不一樣。比如，抑鬱質人的切換速度就會比較慢，恢復到原來的狀態需要更長時間。此

外，頻繁切換任務，會導致血糖水準下降，從而減弱自我控制能力，我們會更容易放棄原則，難以抵制誘惑，最終做出糟糕的決定。此外，高頻率的任務切換會使大腦處於超負荷狀態，導致灰白質體積縮小，這可能是造成工作效率下降，以及引發大腦萎縮的原因之一。

簡而言之，大腦只能集中精力處理一件事情，多工切換會消耗大量腦力和注意力，降低工作效率和準確性，影響大腦正常運轉。

或許大家已經看出來了，大腦並不勤奮、專一，而是天生喜愛節約能量的器官。我們習慣生活中充滿了資訊，當資訊量減少時就覺得行為價值有所降低，從而產生無聊感。我們看似控制了資訊，實際上是被各種資訊控制。

此外，大腦每天能做出的有效決策的次數是有限的，當做出過多決定後，體能和自控力會相應變弱，從而導致決策品質下降。

想要提高決策品質，我們需要定期做整理，減少選項，只有這樣才能更好地利用時間，減少迷惘，提高效率。

學會利用大腦優勢，避免過度負擔

大腦有自己的使用說明書，我們抱怨大腦不靈光的時候也要問問自己，我們是否遵循了使用規則呢？

比如，大腦擅長的並非記憶，而是資訊處理。我們的大腦並不是電腦，但在某種程度上兩者有相似之處。如果後台運行的程式過多，電腦速度就會變慢。我們的大腦也是如此。比如，我們工作的時候會有一些想法縈繞在腦海當中，這些懸而未決的事情會在大腦「後台」繼續運作，從而分散腦力，使我們無法專注於當前的任務。

大腦更像是中央處理器，更擅長思考，而不是記憶。如果讓大腦記太多的資訊，容易讓其提前當機。因此，我們要養成及時清空大腦、隨時進行記錄的習慣。透過有效的工具來替代大腦的存儲功能，讓我們的大腦零負荷地運轉，並發揮它應有的作用。

最簡單的方法就是隨身攜帶紙筆。在工作時遇到各種雜念，只需拿出筆和紙，將它們記錄下來，寫進待辦清單、排程或行動清單中並標注清楚，這樣就可以有效避免思路受到干擾。

研究也表明，手寫筆記比打字更有利於記憶，這是因為動手寫筆記的過程，也是大腦處理資訊的過程。當然，如果不習慣攜帶紙筆，也有一些手機App可以幫助記錄。

記憶並不是大腦的優勢項目，而且隨著年齡增長，記住新知識的速度也會變慢。因此，如果面臨考試等需要快速記憶的情況，選擇正確的記憶策略非常重要，我們可以利用大腦的特點來幫助記憶。

德國心理學家赫爾曼．艾賓浩斯（Hermann Ebbinghaus）提出了記憶的「遺忘曲線」和最佳的記憶保持時間間隔。他發現，在特定的時間間隔內進行多次重複學習，可以顯著提高記憶的保持效果。

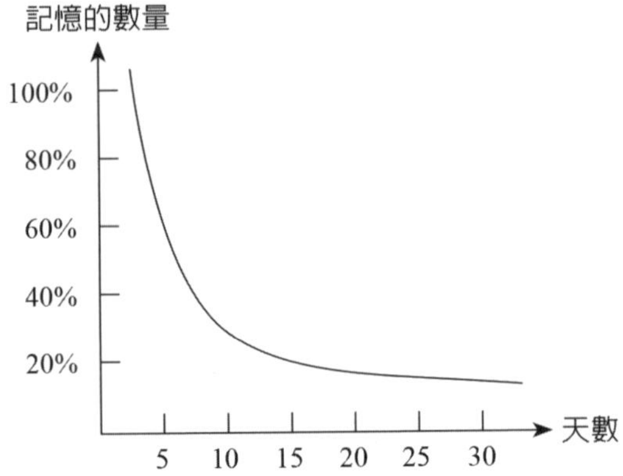

艾賓浩斯遺忘曲線

比如，針對需要迅速記憶並在短時間內應用的情況，我們可以在閱讀結束之後立即進行第一次複習，二十分鐘後進行第二次複習，八小時後（可以是睡眠狀態下的八小時）進行第三次複習，一天後進行第四次複習。這種記憶模式對於應急情況是比較有效的。

而針對希望形成長時記憶的資訊，我們可以採用另一重複模式。閱讀結束後，馬上進行第一次複習，二十至三十分鐘後開始進行第二次複習，一天後進行第三次複習，二至三週後進行第四次複習，二至三個月後進行第五次複習。這種記憶方式可以讓記憶更加持久。

當然，在掌握了基本思路之後，在具體應用中也會存在個體差異，可以根據個人的記憶能力和學習需求進行調整。

總之，我們需要學會揚長避短，騰出大腦空間，讓大腦充分發揮它最大的功能。

時間壓力法，提升專注力與工作效率

希希說：「我總是喜歡拖拖拉拉、磨磨蹭蹭。事到臨頭還總是先滑一下手機，看一下電視，快睡前才開始動手，沒多久就睏了，工作最終還是沒完成。第二天總會被主管痛批一頓。」

在學習方面，我們習慣追求「正確答案」，可工作中沒有所謂的「正確答案」。有時，一味地追求完美就會不自覺地一拖再拖，常常無法按計畫向前推進。

你還記得小時候寫作業是什麼樣的狀況嗎？如果沒有時間限制，你會不會一直磨磨蹭蹭，拖到後半夜都還沒開始寫，效率極低？但是，一旦開始定時，頓時覺得自己的小馬達啟動起來，大腦關於時間的弦被撥動了，效率馬上提高了。

其實，這是我們一直在無意中使用的一種方式——時間壓力法。透過設定時間限制和目標，增加大腦的壓力和專注力。

這種方法很簡單，在正式開始工作之前你可以給自己設定一個目標，最理想的狀態就是設定一個對自己來說稍微有點難度的目標。比如：「我要在一個小時內完成這項工作。」然後努力去實現。一旦有了時間限制，我們零散的思維就開始集中，效率也會顯著提高。

計時器的作用就是激發緊迫感，讓大腦意識到：「接下來，必須要賣力了。」把計時鍵按下去是個很有儀式感的動作。這代表了心流狀態的開啟：從此時開始，要認真、專注了。

設置計時器不僅能提高效率，還能讓你在規定的時間內休息，勞逸結合，讓大腦得到恢復。

大腦具有可塑性，堅持用正確方法休息，我們將會擁有一個不易疲勞的大腦。比如現在流行的「番茄工作法」就是運用大腦的這一特性。該方法是由法蘭西斯科·西里洛（Francesco Cirillo）於一九九二年創立的一種簡單易行的時間管理方法，得名於一只長得像番茄的廚房計時器。

「番茄工作法」的基本邏輯很簡單：確定一個待完成的任務，將二十五分鐘設定為一個番茄時間，然後專注工作，直到時鐘響起，短暫休息五分鐘。每完成四個番茄時段後，可休息十五至三十分鐘，這個週期被稱為番茄週期。在番茄鐘提醒之前，你可以將手機調成靜音，專注工作。

你還可以將工作劃分為不同的級別，按重要程度分級，掌握好專注力的起伏，高度專注時努力工作，專注力降低時就去休息。

確定工作優先順序後，設定計時器，然後將精力集中在其中一項事務上，直到計時器響起。

也可把番茄鐘分為大番茄和小番茄：在雜事上，用小番茄，設置「二十五分鐘工作＋五分鐘休息」；在做其他連續性工作時，用大番茄，設置「五十分鐘工作＋十分鐘休息」。

「時間壓力法」的核心理念，就是讓大腦在該緊張的時候緊張，該放鬆的時候放鬆。只有及時做出調整，才能更好地提高效率。

大腦喜新厭舊，學習與實踐新知識能促進大腦成長

大腦害怕無聊，並且「喜新厭舊」。

「喜新厭舊」是壞事嗎？對於大腦來說不是。

對於大腦來說，無所事事才是壞事。當一個人長時間沉浸在無聊的狀態中，大腦就會慢慢習慣無聊，逐漸停止成長。從這個意義來說，「喜新厭舊」反而是我們改變的契機。因此，我們需要多覺察自己的無聊感，積極尋找一些新鮮事物來滿足「喜新厭舊」的大腦。

愈來愈多的研究證明，成年人的大腦仍然具有可塑性，會順應環境發生變化，新的生活經驗會改變大腦神經迴路的設定。

因此，如果想讓大腦變得更有活力，你可以學習某種新知識、新技能。不一定要練到精通，這種掌握新知識的過程本身就可以刺激大腦產生新的神經元。

如果留意觀察，你會發現，退休以後無所事事的人的整體狀態不太好。反之，在退休以後還能發揮餘熱、不斷學習的人，會一直維持良好的精神狀態。時光好像對這

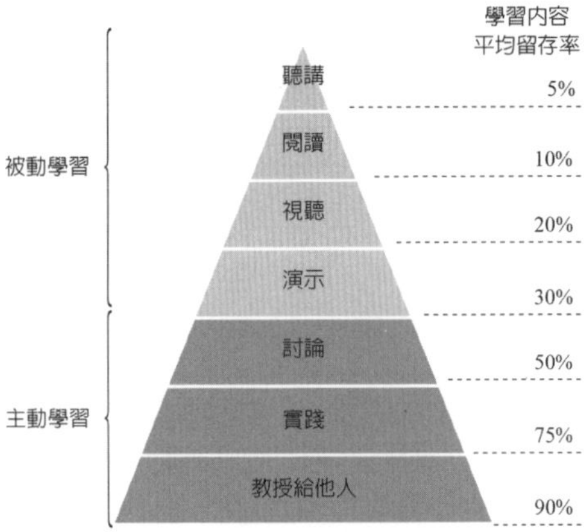

學習金字塔

類人格外手下留情，甚至還有可能逆生長。這是因為，年齡並不是劃分大腦狀態的臨界點和分水嶺，大腦的狀態並不取決於年紀，而取決於如何使用它。

管理中常常提到「閉環」，其實大腦的管理也需要一個閉環。大腦透過感覺區接收資訊，並透過運動區輸出資訊。資訊從輸入到輸出才算完成一個閉環。對大腦而言，輸入指的是「理解」，輸出指的是「實踐」。只輸入資訊並不是真正有效的學習，輸出才是。而且，和輸入相比，大腦更相信輸出，因為資訊不能僅靠接收，還需要加工處理，然後才能轉化成個人的知識。而大腦的思考能力，也會透過輸入和輸出的循環得到強化，透過艾德格・戴爾（Edgar Dale）提出的學習金字塔理論，可以看出哪種學習方式效率最高、效果最佳。

第一種方式是「聽講」：老師講解，學生聽講，這是我們最熟悉、最常用的學習方式，但是學習效果卻是最差的。兩週後學習的內容只能留下5％。

第二種方式是「閱讀」：從閱讀中學習，兩週後學習的內容留下的可達到10％。

第三種方式是透過「視聽」的方式學習，兩週後學習的內容留下的可提高至20％。

第四種方式是「演示」：觀察他人表演、示範，從中學習並嘗試模仿，兩週後學習的內容留下的可達到30％。

第五種方式是「討論」：透過與他人討論，兩週後可記住50％的內容。

第六種方式是「實踐」：兩週後學習內容能保留75％。

最後一種方式是「教授給他人」，兩週後可以記住90％的學習內容。

我們可以看到，單一的輸入無法鍛鍊運動區的學習迴路。我們需要創造更多輸出的機會。比如，閱讀是一種輸入，而分享、書寫、演講都是輸出。單純的聆聽是輸入，重整總結則是輸出。當你切身實踐，甚至是指導別人的時候，大腦的學習效率最高。所以，現在體驗式教育愈來愈流行，分享型組織愈來愈多。

我們可以把這種方法運用在生活的各個場景中。同樣的事件可以從不同的角度來詮釋，這就是在訓練我們的輸出能力。你會發現，大腦愈來愈靈活，反應速度愈來愈快。

精力充電小技巧

想激發大腦潛力，讓大腦更活躍，要會學，也要會玩

你會玩嗎？沒錯，就是玩。

我們的大腦就像個孩子一樣，它充滿好奇心，喜歡新鮮事物、愉悅的情緒。想讓它活躍起來，我們需要順應它的偏好，適度挑戰它，只有這樣才能發揮出大腦更大的潛力。如果想要大腦變得高效

有活力，要會學，也要會玩。

我們玩手機的時候，真的感覺到大腦在休息和放鬆嗎？

我們誤以為大腦在休息，實際上大腦會愈來愈累，狀態會愈來愈差。

也有求助者說：「平常一直忙，等有了休息時間，卻發現自己不會休息，也不會玩。就像去旅遊，好像是去玩了，但也只是奔波在各個景點的匆匆過客而已。」

確實，我們善於學習各種知識，但卻沒有好好學習如何玩。長久以來，玩都是不被允許的。然而，大腦並不受意志的控制。意志說要努力，它未必就會振奮，甚至愈逼它，它反而會背道而馳。

大腦總是渴望新異刺激，從而刺激多巴胺持續分泌，而「遊戲化」是非常重要的刺激方式，它可以激發個人的積極性，使其自願朝著目標努力，讓枯燥的工作變得有趣。

另外，你沉浸在低落的狀態中愈久，類似的神經元愈有可能被同時激發，持續低落的可能性也愈大，所以你可以嘗試一些跳出低落情緒的方法。從效果來說，在令人愉快的情景下學習效果最好，因為當大腦處於愉悅和有趣的情境中時，會變得非常有活力且不知疲倦。

這也是遊戲化思維愈來愈受歡迎的原因之一，如果想讓大腦表現得更好，就要順應它的特點和規律，找到它願意接受的方式，該休息的時候休息，該玩的時候玩。只有找到適合的切換模式，它才不會罷工。

你可以想一想，什麼可以讓大腦感覺更好，把這些列成清單，在大腦覺得疲勞、乏味時翻出來使用。

如果你不知道如何開始，可以參考以下三類方法。

打破常規，給大腦來點新鮮刺激！

大腦適應的基本原則是多樣性和好奇心。當你發現自己做某件事情變得像吃飯一樣簡單時，就意味著你的大腦可以迎接新的挑戰了。

隨著年齡的增長，大腦的功能會逐漸衰退，這時鍛鍊大腦就顯得尤為重要。保持對周圍世界的好奇心、去了解生活周遭事物的運作方式，可以讓大腦快速、有效地運轉。即使只是稍微改變日常生活，也可以刺激大腦。

比如，試著走平常不太走的路，試一試新開的餐廳、新的商場、沒見過的東西，換一換家具擺設，換一個地方去思考問題，看一些平常可能不太愛看的書。如果平常你喜歡閱讀知識實用性強的書，或許你可以試一試閱讀偵探小說、歷史小說或者經典著作。此外，你還可以多參與藝術活動，或者試著學習一種新的語言、舞蹈、樂器等。學習這些有意思的東西可以挑戰大腦，並且啟動神經元。

你還可以試著改變慣性行為，比如多使用非慣性手，或者透過五感與周圍環境建立新的聯繫等，這些改變都可以給大腦帶來新的刺激，讓大腦保持年輕不「生鏽」。

活動身體、做做手指操和健腦操，讓大腦重啟運行！

當遇到「無論如何也繼續不下去了」、「大腦一片空白，什麼也想不出來」的情況時，不妨活動活動身體，轉換一下大腦模式。

例如，站起來活動一下身體，倒杯咖啡或去洗手間。即便是簡易的運動，也可以提高大腦效率，有助於優化資訊處理和記憶的功能，讓大腦更快地建立新的神經連結。

如果不方便活動身體，也可以做一做手指操。別忽視了手指操，這是一種很好的按摩大腦的方式。手指在大腦皮層的感覺和運動機能中占比最大。

經常活動手指可以開發弱勢腦、改善左右腦半球的交流、提高注意力和記憶力。

此外，也可以直接按摩頭部穴位來進行放鬆，以下六步健腦操就是一種很好的方式，可以有效放鬆大腦。

1. **開天窗**。雙手摩擦、搓熱掌心，用掌心分別按壓兩耳，兩掌心施加壓力後驟然放開，連續做八次。

揉風池穴

2. **鳴天鼓**。雙手掌心緊按雙耳，五指尖朝向腦後，食指壓在中指指背上快速彈擊後腦部，會聽到類似打鼓的聲音，連續做八次。

3. **手扣頭**。手指彎曲，用指腹輕敲頭部的前、側、後部，持續約一分鐘。

4. **手梳頭**。雙手手指均勻分開，從頭的前部向後部梳理，至少做十次。做到頭部有發熱感為宜。

5. **揉風池穴**。風池穴位於頸椎兩側的凹陷部位，緊挨著頸部肌肉。手指指腹用適度力量按壓風池穴，可以刺激頭部和頸部的血液循環，有助於頭腦清醒。持續時間約

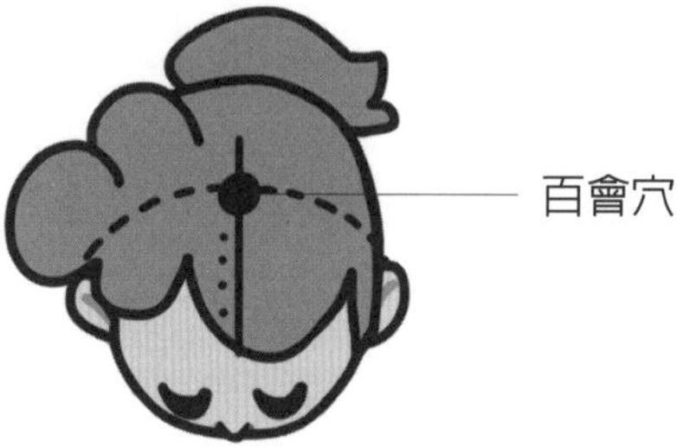

揉百會穴

十五至三十秒。

6. **揉百會穴**。手指指腹以適度力量按摩頭頂正中的百會穴，持續時間約十五至三十秒。

六步健腦操可以讓大腦更快地放鬆下來，持續時間可以根據個人舒適度和需要進行調整。當然，如果覺得麻煩，只做其中的某一步，或者直接使用頭部按摩梳放鬆也是可以的。

設定小目標，給自己獎勵，腦活力加倍！

你還可以主動製造多巴胺，給自己創造快樂。例如，給自己設定一些易實現的小目標，並想像實現這些目標時的愉悅感。這將刺激大腦分泌多巴胺，而你也能更高效地完成工作。

或者，你也可以在完成一項簡單任務之後，適時給予自己一些小獎勵。

這些獎勵可以很簡單，比如起身去趟洗手間、洗個澡、聽首歌，或者在家附近隨便走走。這些看似不起眼的生活細節，其實都可以讓大腦長久保持活力。

當然，每個人的經歷不同、喜好不一，有的人喜歡靜態的，有的喜歡動態的，沒有什麼方式適合所有人。你可以根據這些參考方向列出自己的專屬清單。

希希列出了自己的清單：

1.用左手刷牙。
2.看一部喜劇電影。
3.來一場香氛SPA（水療）。
4.到海邊散步。
5.在星空下露營。
6.為自己準備一頓特殊的燭光晚餐。
7.播放自己最喜歡的音樂，並隨著音樂起舞。
8.看一場精彩的脫口秀。
9.悠閒地逛逛書店。

10. 買花送給自己。
11. 讀本好書。
12. 來一場大汗淋漓的熱瑜伽。
13. 給未來的自己寫一封信。
14. 隨機跳上一輛公車，從始發站坐到終點站。

……

或許，你已經感受到腦力管理的妙用了，改變大腦固有的使用模式需要時間，但只要堅持訓練，你就會獲得一個充滿活力的大腦。別忘了，你只有一個大腦，請好好照顧它。

第5課

人就是他的所吃之物

——健康飲食保持良好的精力狀態

希希：「我實在懶得自己做，三餐都點外賣。」

這或許是許多人的日常習慣。工作太忙、生活節奏太快，沒有時間料理一日三餐，只追求即時的口感，長此以往，不良的飲食習慣會不知不覺地侵蝕我們的健康。我們只需要遵循基本的飲食管理原則，健康飲食也可以方便快捷並且美味，更重要的是能保持身體的正常運轉，並保持良好的精力狀態。

食物是身體的燃料，吃得對不對，效果千差萬別。身體就像一輛汽車，給它加什麼油，怎麼加，都會影響其使用狀況，甚至是使用壽命。如果你加的是地溝油，一輛好車也會報廢。

所以，你加對油了嗎？現在來聊聊飲食管理。

糖會讓你胖、讓你睏，選對碳水才能精力滿滿

希希說：「不要看我那麼瘦，但是去醫院測出血糖高，如不及時控制，很有可能變成糖尿病。」

在一旁的朋友撇撇嘴：「我已經得糖尿病了。」

聽到「糖」，你的第一反應是什麼？

「胖。」

「肉。」

「糖尿病。」

……

對於這個甜甜的詞，大家的第一反應都不是甜蜜，而是負擔。糖，真的有這麼大的影響嗎？

是的。

糖逐漸變成了我們生活當中一個矛盾而複雜的因素。糖為身體提供了能量，但也帶來了副作用。

過量攝入糖不僅會讓人發胖，還會引發與代謝症候群有關的各種疾病，包括糖尿病、冠心病等。此外，還可能誘發其他慢性疾病，對精力狀態產生很大的負面影響。因此，控糖在精力管理中顯得尤為重要。

我們每天吃了哪些糖呢？

紅糖？白糖？蜂蜜？

遠遠不止這些。

飯後想睡是血糖作祟，吃對碳水不再昏昏欲睡

在營養學上，「糖」特指簡單碳水化合物（簡單醣類），也就是單醣、雙醣和多

醣。甚至可以說，大部分的食物都含有碳水化合物，比如大米中的澱粉、水果中的果糖、牛奶中的乳糖等。

本來頭腦還挺清醒的，吃完飯之後就開始想睡。關於這一情況我們常常聽到的解釋是，飯後消化系統的血流量增加了，所以大腦的血流量減少了，從而導致腦部供血不足，使人昏昏欲睡。其實，更重要的是因為受到體內血糖波動的影響，導致食欲素（又稱為促醒素、下視丘泌素）發生變化。當食欲素濃度低時，人會變得昏昏欲睡；當食欲素濃度高時，人會變得清醒且活躍。所以，如果你經常飯後想睡、全身疲憊，那可能是一個飲食結構有待調整的訊號。

在這裡，我們要談一個關鍵指標：升糖指數（Glycemic index，簡稱ＧＩ）。

一九八一年，多倫多大學營養學教授大衛．詹金斯（David J. Jenkins）博士提出了「升糖指數」這個概念。簡單說，升糖指數是指食物對增加血糖快慢的影響力，以食用二百公克葡萄糖後，二小時內的血糖增加值為基準（升糖指數＝100）。當食物在胃腸道中被轉化成葡萄糖並釋放到血液中使血糖上升，上升的速度愈快，升糖指數就愈高。升糖指數大於七〇的食物被視為高升糖指數食物；升糖指數小於五十五的食物被視為低升糖指數食物；升糖指數在五十五至七十的食物被視為中升糖指數食物。

高升糖指數食物進入胃腸道之後，血糖和胰島素就如同雲霄飛車起伏很大。如果短時間血糖無法及時分解，就會儲存起來轉化合成脂肪（參見次頁圖）。

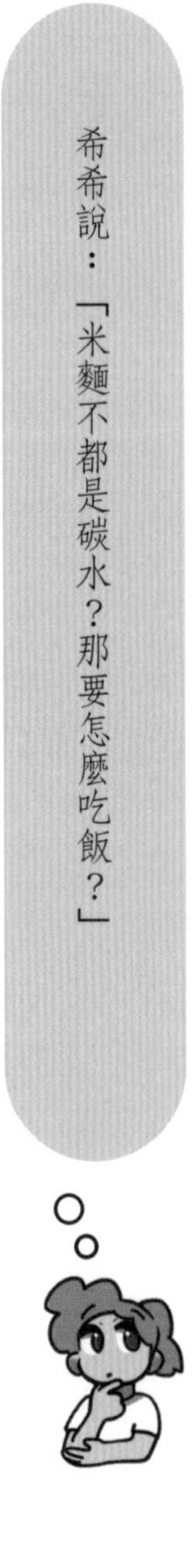

其實，不是所有碳水化合物都要避之唯恐不及。碳水分為簡單碳水和複合碳水，簡單碳水化合物包括糖、米飯等食物，複合碳水化合物包括糙米、根莖蔬菜等富含膳食纖維的食物。身體吸收簡單碳水化合物速度快，導致血糖快速升高，而複合碳水化合物升高血糖的速度相對較慢。

除此之外，食物的成熟度（比如熟透的水果和青澀的水果相比，升糖指數更高）和加工或烹飪的程度（比如打成果汁和吃完整的水果相比，升糖指數更高）等因素，都會影響食物的升糖指數。簡而言之，控糖就是要控制比例，少精多粗（參見162頁表）。

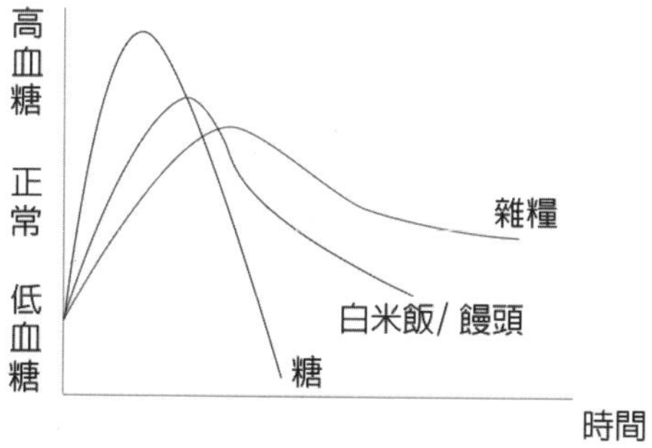

不同食物對血糖的影響

（a）

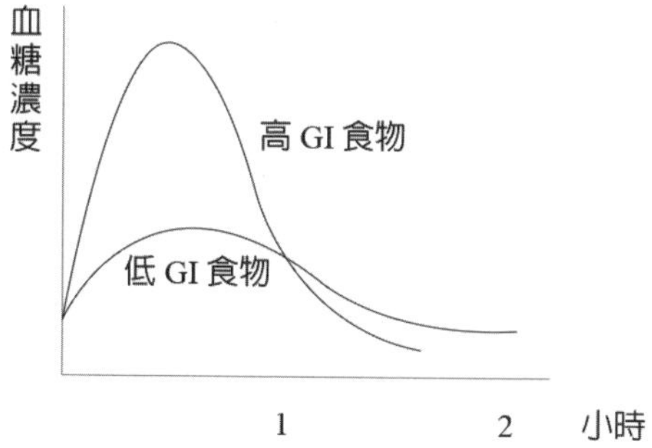

不同 GI 值的食物對血糖的影響

（b）

食物對血糖的影響

不同食物的升糖指數參考值

主食類		魚肉類		水果類		蔬菜穀物類		點心類	
100g	GI	100g	GI	100g	GI	100g	GI	100g	GI
法式麵包	93	蛋餃	75	西瓜	95	馬鈴薯	90	白糖	109
饅頭	88	魚板	71	荔枝	79	紅蘿蔔	80	巧克力	91
白米飯	84	貢丸	70	鳳梨	65	紅薯	76	蜂蜜	88
牛角麵包	68	牛肚	70	葡萄	56	山藥	75	甜甜圈	86
義大利麵	65	鮪魚	55	香蕉	55	玉米	70	洋芋片	85
麥片	64	培根	49	芒果	49	南瓜	65	鮮奶蛋糕	82
中華麵	61	牛肉	46	哈密瓜	41	芋頭	64	鬆餅	80
蕎麥麵	59	火腿	46	桃子	41	韭菜	52	蘇打餅乾	70
黑麥麵包	58	香腸	45	櫻桃	37	洋蔥	30	冰淇淋	65
糙米飯	56	豬肉	45	蘋果	36	番茄	30	布丁	52
燕麥	55	羊肉	45	奇異果	35	苦瓜	24	果凍	46
全麥麵包	50	雞肉	45	梨	32	小黃瓜	23	低脂牛奶	26
		鰻魚	45	木瓜	30	花生	22	優酪乳	25
		牡蠣	45	草莓	29	海帶	17		
		沙丁魚	40						

少量多餐，一整天都像充滿電的手機

大家可以對照自己的飲食習慣，或許會發現攝入簡單碳水化合物的比例非常高。特別是很多人早餐吃得少，有時甚至不吃，這會導致上午能量不足。到了中午的時候，又會吃得特別多，午飯後血糖就會嚴重超標。一般來講，三十至四十五分鐘內，體內的血糖就會迅速上升，刺激胰島素大量分泌，之後血糖又迅速下降，從而引發疲乏無力、昏昏欲睡等情況。

所以，飲食均衡有利於你精力充沛地開始一天的工作。建議最好選擇低升糖指數的碳水化合物。三餐合理搭配會讓你一整天的效率更高。

少量多餐，也是控制血糖波動的好方法。我們在工作間歇總喜歡補充一些零食，不見得是餓了，有時就是感覺無聊，想要調整一下狀態。在總量不變的前提下，大家可以嘗試少量多餐，將一天的進餐次數變為四至五次，正餐吃七至八分飽。因為每次餐量較小，大部分食物都能轉化為能量，還可以避免血糖波動過大，持續保持飽腹感，從而降低暴飲暴食的欲望。

每次加餐和正餐之間最好間隔二至三小時，間隔時間過長，可能會造成後續幾餐進食過晚；而間隔時間太短，也容易增加進食的次數，導致熱量過剩。比如，上午十點半左右，來一次加餐，避免中午吃得過多。下午三點左右，忙裡偷閒吃下午茶，既能放鬆心情，又能補充能量。

當然，加餐也不要吃熱量過高的食物。十幾顆堅果、一杯牛奶之類的高蛋白、低升糖指數的食品即可。

健康食品也可能藏著陷阱，成分表才是揭開真相的關鍵

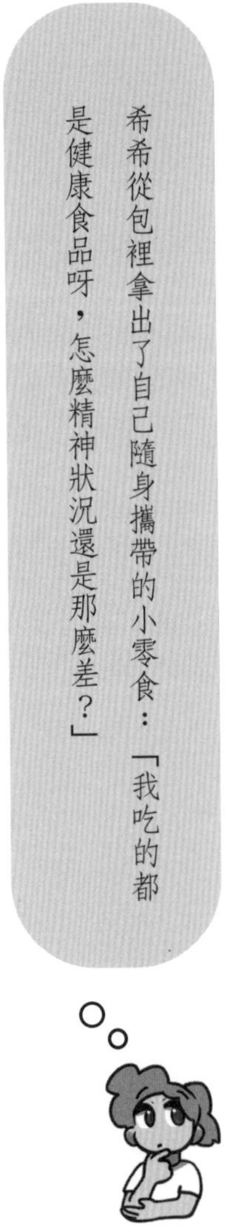
希希從包裡拿出了自己隨身攜帶的小零食：「我吃的都是健康食品呀，怎麼精神狀況還是那麼差？」

這裡要提醒大家，一定要留意成分表中可能存在的陷阱。

我們習慣透過包裝、廣告、宣傳來選擇食品，事實上，如果看一看食品成分表，就能更加精準地挑選出相對健康的食品。

按照國家規定，成分表的標示應按照添加量遞減的順序排列，也就是說，排位愈靠前的成分含量愈高。需要留意的是，添加量少於2%的成分，可隨便排列，無須遵循遞減順序原則。根據這個規則，我們可以初步推斷產品的健康程度。

大家可以隨手拿起身邊的一個加工零食，查看其成分表。

比如，一個乳酸飲料成分表列示為：水、鮮乳、白砂糖、全脂奶粉、低聚異麥芽糖、乳酸、海藻酸丙二醇酯、阿斯巴甜、安賽蜜（乙醯磺胺酸鉀，一種高強度甜味劑）、食用香精（草莓香精/優酪乳香精）。

這說明它最主要的原料不是優酪乳，也不是牛奶，而是水。

低聚異麥芽糖、海藻酸丙二醇酯、阿斯巴甜、安賽蜜這些化學名詞是什麼？

對於各種讓人眼花繚亂的添加劑名詞，我們可以掌握一些基本原則就好。

1.**著色劑**：常帶「顏色」字眼。比如，甜菜紅、薑黃、胭脂蟲紅、莧菜紅、胭脂紅、日落黃、檸檬黃。

2.**防腐劑**：常帶有「苯甲酸（安息香酸）、山梨酸、亞硫酸」等字眼。比如，苯甲酸及其鹽類、山梨酸及其鹽類、亞硝酸鹽類。

3.**增稠劑和穩定劑**：常帶「膠」等字眼。比如，阿拉伯膠、卡拉膠、果膠、瓊膠、海藻酸鈉、瓜爾豆膠、黃原膠、明膠等。

4.**抗氧化劑**：最常用的是酚類物質。比如，丁基羥基茴香醚（BHA）、二丁基羥基甲苯（BHT）、叔丁基對苯二酚（特丁基對苯二酚，TBHQ）等。

5.**反式脂肪酸**（或稱反式脂肪）：這個大家避之唯恐不及的東西，則常常隱身在氫化植物油、代可可脂、人造奶油、起酥油、植物奶油、人造酥油等名稱中。

6. **甜味劑**：常帶有「糖、蜜、甜」等字眼。比如，糖精、糖精鈉（糖精鈉鹽）、甜蜜素、安賽蜜、三氯蔗糖（俗稱蔗糖素）、阿斯巴甜等。

7. **膨鬆劑**：碳酸氫銨、碳酸氫鈉、複合膨鬆劑等。

在選擇所謂的無糖產品時也需謹慎。許多產品並不是真的無糖，只是「無添加蔗糖」而已，這些產品可能添加的是麥芽糖漿、果葡糖漿（高果糖漿）、麥芽糊精等成分，升糖指數往往比蔗糖還高，對控制血糖並無益處。許多代糖餐品亦是如此，食用後不僅不能控糖，反而會導致胰島素的分泌紊亂，讓人感覺更餓，渴望吃到更多甜食，最終導致糖的攝入過量，增加了更多的脂肪。

因此，在選擇產品成分時，要遵循一些基本原則：資訊愈簡單愈好，成分項目愈少愈好，看不懂的化學名詞愈少愈好。

如果看到號稱「健康食品」的產品，卻有長長的添加劑列表，就趕緊將它放下吧。

專心吃、慢慢嚼、巧妙斷、輕鬆滿，減輕腸胃負擔

都說「每餐七分飽，健康活到老」。可是，到底什麼是七分飽呢？

希希：「七分飽？是吃了和沒吃一樣的感覺嗎？我從來沒有體驗過七分飽。我要麼很餓，要麼很撐。每次出去吃飯，我都是扶著牆進去，扶著牆出來。」

大家都點頭：「我也一樣……」

吃到七分飽，其實就是跟身體談戀愛的藝術

對飽的感受是人最基本的本能之一，每個人天生具備。但是，只有在專心致志地進食時才能真正感受到飽的差異。想像一下，你在吃飯時的狀態，是不是邊吃邊說笑，邊吃邊談生意，邊吃邊上網或看電視。這樣會很難感受到飽的變化，容易吃得過多。

飲食有節，指的不是不吃，而是有控制、有節制地吃，關鍵是要重建與身體的連結。

那七分飽到底是一種什麼樣的感覺呢？其實，七分飽因人而異，有點抽象，難以形容，專家認為可以參考以下指標來衡量。

七分飽時，應當是胃裡還沒覺得滿，但對食物的熱情已有所下降，主動進食的速度也明顯變慢，但習慣性地還想多吃，可如果把食物撤走，或者換個話題，就會很快忘記吃東西。

八分飽時，胃裡感覺滿了，但再吃幾口也不痛苦。

九分飽時，還能勉強吃幾口，但每一口都是負擔，覺得胃裡已經脹滿。

十分飽時，就是一口都吃不下了，多吃一口都痛苦。

可能有人會說，我根本不知道自己到底吃了幾分飽，當我吃完的時候就已經覺得很飽了，這怎麼辦？

有幾個小方法供參考。

做好飽腹感記錄

記錄是建立覺察的最好方式，在每餐之後，有意識地覺察一下自己的飽腹感（Satiety），逐漸體會不同飽腹感程度的區別。找到並熟悉七分飽的感覺，把它作為自己的日常食量，有助於預防飲食過量。當你慢慢建立起對飽腹感的覺知後，就可以不再記錄了。

專心進食

我們可以試著學會享受飲食過程。子曰，「食不言，寢不語」，這是流傳千年的禮儀古訓。這不僅是一種禮儀，也是養生之道。然而，在當今社會，看不完的短影音、豐富的娛樂活動，讓人們無法專注，不知不覺就會吃多了。因此，建議大家在吃飯的時候就專注地吃。飽腹感的差異看起來微不足道，但只要你仔細感受，就會發現差別。

許多求助者都會驚喜地發現，當他開始專注地吃飯，就會不知不覺吃得更少，並非刻意限制，而是因為他更早地覺察到了飽腹感。

進食有序

你平常吃飯都先吃什麼？是先喝碗湯還是先吃米飯？先別急著吃主食，我們的胃容量是有限的。我們既要有飽腹感，又要控制熱量，因此進食的順序很有講究。

一般來說，最好先吃蔬菜，再吃蛋白質食物，最後吃主食。因為蔬菜的優點就是體積大、熱量低、膳食纖維含量高，而膳食纖維的優點就是遇水膨脹，使腸胃充滿飽脹感，最適合墊底。這樣你馬上就會覺得飢餓感沒有那麼強了。這樣的進食順序可以減少熱量的攝入，還更容易感受到飽腹感。試試看，你會發現其實自己根本不需要吃太多主食。

細嚼慢嚥

我們在進餐時，可以適當多咀嚼一會，做到「細嚼慢嚥」，至少保證一頓飯吃二十分鐘以上。因為吃飯二十分鐘後，大腦才會接收到吃飽的訊號。如果吃太快，大腦很可能還沒得到最新「情報」，你就已經吃得太多了。

你吃飯的速度也會受環境的影響。比如，同行的人吃得快，你的速度也會不自覺地加快，不知不覺就吃多了。其實，放慢吃飯速度是一種簡單有效的方法，可以幫助我們減少熱量攝取，並更好地感受到飽腹感。你會發現很多細嚼慢嚥的人即使不運動、不節食，身材依舊保持得很好。所以，如非必要，可以試著放慢自己吃飯的速度，細嚼慢嚥。

選擇餐具

你通常使用什麼樣的餐具呢？

希希說：「我用的是韓式拉麵碗，時尚美觀且方便。」

每天早晚一杯奶
每餐水果拳頭大
菜比水果多一點
飯跟蔬菜一樣多
豆魚蛋肉一掌心
堅果種子一茶匙

台灣衛福部國民健康署設計的均衡飲食餐盤

餐具時尚、美觀、方便很重要，但也會帶來一個問題——不知不覺你就吃多了。我們對某一類食品的偏好，會導致飲食結構不平衡。

為了更直觀地了解自己都吃了什麼，可以選擇使用分格餐盤。將每天要吃的食物放入分格餐盤中，是一種避免飲食結構不合理和過量的好方式。可以選擇類似膳食餐盤的盤子，並盡量選用淺盤、小勺、小碗，這種視覺化的方式可以從潛意識上提醒我們控制食量，對於覺察飽腹感也非常有效。

透過調整飲食模式，「七分飽也不餓」就會成為可能。

輕斷食就像給腸胃放個假，適度空腹更健康

斷食法，又分為完全斷食和間歇性斷食。有一些求助者嘗試過連續性地完全斷食，發現自己精力不濟、體力不支，並且恢復進食之後比原來更能吃了。斷食之旅常常以復胖和反彈告終。因此，不建議一般人採用太過激烈的方式。

相比之下，現在非常流行的輕斷食會相對安全一些，它並不需要嚴格控制熱量的攝取量，而是透過延長空腹時間來降低過量飲食對身體的危害，並讓腸胃得到充分休息，啟動身體的細胞自噬作用機制，讓身體由內而外散發活力。因此，如果希望改善自己與身體的關係，可以偶爾嘗試一下輕斷食的方式。

需要強調的是，輕斷食並不等於節食。節食的關鍵是嚴格控制熱量，而輕斷食的關鍵在於延長空腹時間。過飽對於身心無益，腸胃需要長期高負荷運轉，缺乏休息的時間。刻意留出空腹時間，即使每週只有一次，也有助於減少過量飲食造成的危害，讓身體得到充分的休整。

輕斷食的具體方法比較靈活，可以根據個人的時間安排來選擇「168」、

「186」、「204」、「231」、「5+2」等方式。目前比較常見的是「5+2」和「168」斷食法。

「5+2」斷食法

按時間安排分為五天進食和兩天輕斷食。在輕斷食的這兩天裡，不是不吃東西，而是要適量減少攝取量。可以以每天兩餐為原則，每週自行選擇兩天作為輕斷食日（不一定連續）。

「168」斷食法

簡單地說，就是把一天二十四小時劃分為八小時進食、十六小時空腹的輕斷食方式。「168」斷食法因為相對簡單、輕鬆、易達成，所以很受歡迎。

研究顯示，在最後一次進食的十小時之後，肝臟中儲存的醣將被耗盡，身體需要分解脂肪來作為熱量，以維持正常的生命功能，超過十六個小時不進食，人體的細胞自噬作用機制就會被啟動，從而幫助身體免受過度飲食的傷害。

在實際操作時，建議大家把不進食的時間合理安排到睡眠前後。舉個例子，假設你每天睡八小時，那麼只需在此基礎上再斷食八小時，就能湊滿十六個小時。比如，你每天晚上十點入睡，早上六點起床，就可以在晚上五點前進食完晚餐，早上九點再吃早餐，使用「睡前五小時＋起床後三小時不進食」的分配模式。如此一來，便能達到十六個小時禁食的目標。減肥族常說要「過午不食」，這很難堅持。但是，「過五不食」就相對容易得多。這個前後時間分配靈活調整就好，如果覺得十六個小時禁食壓力太大，可以適當放鬆些，把禁食時間控制在十二至十六個小時之間也可以。

總之，輕斷食法有許多不同的時間安排和方法，我們可以根據實際情況，選擇最適合自己的方法。

在非斷食的時間裡面，雖然沒有特別的飲食限制，但還是建議以健康飲食為主，均衡飲食，盡量避免高油、高鹽、高糖的食物。

在開始的時候，我們可能會不太習慣空腹的感覺，這時可以適量食用一些堅果來幫助自己產生飽足感。堅果富含不飽和脂肪酸，有利於啟動細胞自噬作用，是過渡階段的好選擇。

如果是青少年、兒童、孕婦、哺乳期人士、低血糖人群、飲食失調者、有腸胃病或有基礎代謝疾病等需要特別注意的人群，就不建議嘗試斷食法。

總而言之，將進食集中在八個小時內還是十個小時內都只是輔助手段而已，最重要的是要尊重自己身體的感受，量力而為，切忌勉強。別忘了，我們的目的是找到適合並且可以持之以恆的飲食方式，從而重新找回和身體的連結。

你吃的不只是食物，還有你的情緒

希希說：「想吃的時候，我會容易失控，忍不住吃很多，吃了又很後悔。後來，我會模仿某些明星催吐，想吃的時候就瘋狂大吃一頓，然後奔向廁所，摳喉嚨吐出來。一場忙亂，好像吃了，又好像沒吃。但沒過多久，我開始喉嚨不舒服，胃也不舒服。醫師說這是暴食症，是神經性進食障礙的一種，頻繁催吐會引起胃痙攣，甚至導致食道破裂出血，輕則傷身，重則要命。」

老師問：「在你吃的時候，你能分得清楚，是你想要吃還是需要吃嗎？」

希希點點頭，又搖搖頭。

希希的狀況其實不是個案，愈來愈多的人深受情緒性進食的影響。

需要吃是生理的需求，想要吃是心理的滿足，我們常常分不清楚。

在缺乏安全感時，我們會用吃來滿足自己；感到生氣和焦慮時，我們會用吃來安慰自己；感到愉快和興奮時，我們會用吃來犒賞自己；感覺無聊時，我們會大吃一頓來麻痺自己。

任何時候，我們都有一個餓了之外的理由讓自己大吃一頓。很多時候，我們的進食並不是為了滿足身體的需要，而是為了滿足心理的需要。

在渴望苗條身材時，我們又會用意志力來抑制身體對食物的需求。這導致身體內部的飽足感和飢餓感變得錯亂。每次都說，「最後一次」、「最後一口」，卻又一次次地放棄底線，陷入深深的自我責備和抱怨之中。

奶瓶成了情緒的消音器，食物成了情感的替罪羊

想要了解希希暴食症的緣起，我們要回到她還是嬰兒的時候。在生命最早期，嬰兒的意識尚未形成，所有的情緒都被潛意識所接收。那時，照顧者只要聽到她哭，就會直接用奶瓶塞住她的嘴。這種餵養方式切斷了她和自己情緒的連結，導致她在有情緒的時候會習慣用食物來滿足自己。但又因為溝通的管道被食物堵住，她對食物也產生了抗拒感，導致她和食物之間的關係越發惡化。

心理學上對暴食症有很多不同的解讀，有人認為它是本我和超我之間的抗爭，有人認為它是口欲期未得到滿足的結果，有人認為它是情感和理智割裂所導致的……不管是哪種流派，它們都試圖從不同的角度來表達同一個意思：你吃的，不僅僅是食物，還是情緒。

食物本來是大自然的恩賜，但對於情緒性進食者來說，食物變成了情感發洩的替

代品。食物被視為必須嚴防死守的敵人，人和食物的關係從和諧合作變成了扭曲對抗。不少人的減肥計畫都是從挨餓開始，又以暴飲暴食宣告失敗，周而復始。

如果不確定自己是否是情緒性進食，可以看看下面七種常見的表現，你是否經歷過。

1.經常在不餓的時候大口進食。

2.經常吃得太飽，肚子撐到不舒服。

3.經常一個人躲起來悶頭大吃。

4.進食速度比一般人要快很多。

5.在短時間內攝取的食物量比一般人要大很多。

6.吃完飯以後，經常會產生負面情緒。比如產生焦慮感、憂鬱感、內疚感和厭惡感。

7.在進食時，經常感覺自己停不下來。

情緒敲門時注意傾聽，別拿食物開門

每個人都有自己情緒的觸發點，情緒性進食可以在短期內分散注意力，但你會發現，造成你情緒失控的問題依然存在。而且你不僅要繼續忍受這些困擾，還要應對情緒性進食所帶來的一系列遺留問題。

因此，應對情緒性進食問題，最重要的一點是要學會傾聽身體的訊號，尊重自己的感受，讓身體感受和進食行為實現和諧統一。

1. 首先問問自己「我是真的需要吃嗎？」，感受自己的身體有沒有飢餓的感覺，想吃，是生理需求還是心理需求？

2. 確認你當下的情緒。如果你不是因為飢餓而想吃，那你現在的感受是什麼？是委屈、憤怒、焦慮？還是失落？你可以試著為自己的情緒命名。

3. 找到自己真正的需求。你可以試試之前提到過的自由書寫的方法，透過不斷調整自己的思緒，探索內心真正的需求。

4. 除了吃之外，還有什麼替代方案嗎？吃是在生命早期應對情緒的主要方式。那時的你應對方式還比較單一，但現在已經不一樣了，你完全有能力找到更成熟的應對方式，比如冥想、運動、寫作。你的好感覺清單（如第四章章末的專屬清單）這時可以派上用場了。

5.如果還是想吃，選擇對身體傷害最小的方式。如果你還沒有建立起更成熟的應對方式，還是需要口欲的滿足，可以換一種自己心理更能接受的、對身體損害更小的方式。比如，可以吃些蔬菜，喝些果汁、花茶、湯湯水水。你總不會因為喝多了花茶而催吐吧？

6.遠離誘惑，別考驗人性。求助者常說：「不要考驗我，我經不起誘惑……我只吃一兩口……算了……吃完再吐吧……」通常讓你後悔的往往不會是吃了黃瓜、番茄這些健康的食品，更有可能是那些高油脂、高熱量的食品。因此，不建議大家在家裡囤積這類食品。在你建立更好的應對方式前，避免失控的最好方法就是遠離誘惑。

7.接納自己當下的狀態。不要過度責怪自己，吃了就吃了吧，偶爾吃多點又有什麼關係呢？愈想控制，往往愈容易失控。接納你此時此刻的狀態，本身就是一種更好的應對方式。

8.尋求有效的陪伴。如果覺得這些建議都難以實現，你可以找一個專業的心理諮商師，專業人士的陪伴會讓這個過程容易些。

面對情緒性飲食問題，最重要的是與自己的內在建立連結，傾聽情緒敲門的聲音，為情緒命名，並為它找到一個出口。

如果你一直忽略它，它就只有透過外化的行為和身體反應來表達自己了。透過傾聽、接納、釋放，你的情緒性飲食問題就會有所改善。請記得，其實你需要的沒有那麼多。

精力充電小技巧

試試葡萄乾冥想法，吃出人生的細膩與滿足

「我們每天都要吃東西，你有沒有試過每一餐、每一口都專注地吃呢？」

希希搖了搖頭。

「那你一般都是怎麼吃飯的呢？」

希希說：「一般就點開影片，邊看邊吃，周遭沒有一點聲音，感覺有點怪怪的。」

我們是不是也是這樣？一邊吃飯一邊滑著手機，總想著一心兩用，提高效率，並且沒有辦法安安靜靜地吃一頓飯。殊不知，這樣反而會讓我們食不知味，愈吃愈多，看似提高了效率，實則影響了感受。

如果你也有和希希一樣的習慣，那麼你可以試試飲食冥想。你會發現，當專注地吃飯時，食物的味道會變得和平常不一樣。

飲食冥想是一種冥想方式，被廣泛認為是解決進食障礙的利器。它的目的不是幫你減體重，而是幫你開啟一種新的生活方式。它能讓你重新審視自己與食物之間的關係，重新找回對食物的覺知。生活中的大部分食物都可以用於飲食冥想。

比如，我們可以先體驗一下最普遍的葡萄乾冥想方法。

現在，你可以先慢慢地調節呼吸，深深地吸氣，慢慢地呼氣，讓身體逐漸放鬆下來。

首先，把注意力放到一顆葡萄乾上，仔細地觀察它，就好像從未見過它那樣。仔細觀察它的外觀，包括顏色、褶皺、大小、透明度，以及陽光下發出的光芒。當你凝視它的時候，留意心中湧現的想法和情緒。

然後，仔細地聞一聞它的氣味。它的氣味會讓你產生怎樣的聯想？

接下來，用手指觸摸它，感受它的觸感，體會自己如何準確地把它放到嘴邊，緩慢放到嘴裡，感受它的紋理和口感。

最後，慢慢咀嚼，讓它的味道在口腔迴蕩。你甚至可以去想像這顆葡萄生長的環境，周圍的肥沃的土壤、燦爛的陽光和清新的空氣。

這個練習會讓你體會到，如果想要享受食物，最佳方式便是：細細品味。

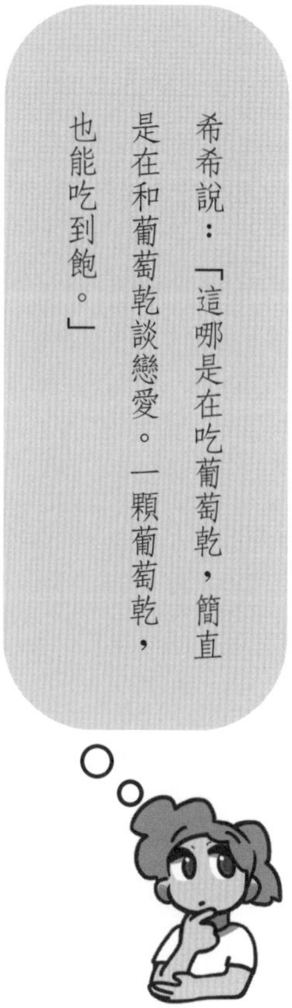
希希說：「這哪是在吃葡萄乾，簡直
是在和葡萄乾談戀愛。一顆葡萄乾，
也能吃到飽。」

在日常飲食中，你可以試著保持這種和食物談戀愛的心情來進食。完成冥想後，再花一點時間回味一下剛才的練習過程。進食中你注意到了什麼？是否有種想要吃快點的衝動？品嘗每一口時，你是否都有仔細品味？在這個過程中，你的眼耳鼻舌有什麼樣的感受？

其實，這是利用五感將注意力集中到食物和品嘗的動作上。你會發現，你好像第一次真正地嘗到葡萄乾的滋味，即使只吃一顆，也會感到心滿意足。

如果在日常生活中多做這個練習，有意識地運用五感、集中注意力，就能更專注於眼前的事，並且自然而然地實踐專注當下的生活方式。

我們每天都在吃，或許是要好好審視一下我們和食物的關係了。畢竟，好車需要好油，更需要正確的加油方式。

第6課

什麼也沒做，為什麼卻感覺很累？

——體能管理讓身體和生活真正找到平衡

希希：「運動？放過我吧，有時間我只想躺平。」

懶得動似乎已經成了一種常態。掃地有掃地機器人，洗碗有洗碗機，甚至連做飯都可以交給機器人了。懶人推動科技進步，科技又讓我們懶得心安理得。有人一個月不出門都沒有問題，能不動就不動，但為什麼大家每天還是會覺得很累呢？

回顧人類進化史，會發現狩獵時代是人類運動量最大的時期，人類需要靠跑、跳、爬等各種技能生存，這樣的生活方式逐漸塑造了人類強壯的身體。

但是，現代社會的生活方式不再需要這些技能，我們長時間處於久坐和躺平的狀態，運動量也隨之降低。現在，或許是人類進化以來運動量最低的時期。「躺平」來得太快，基因還來不及適應。現代生活習慣與身體基因逐漸失衡，於是各種現代病應運而生，高血壓、糖尿病、血脂異常等問題普遍出現。在這個充滿鋼筋水泥的城市裡，如何讓身體逐漸找回平衡，成了我們面臨的新課題。

其實，最好的解藥就是運動。透過運動，我們可以讓身體重歸平衡。

作為一名心理工作者和瑜伽導師，我發現不同工作狀態的切換，可以提升我的精力使用效率。

研究顯示，運動對改善情緒、提升工作與學習效率、提高創造力，以及提升專注力等方面都有積極的作用。

所以，我通常會問求助者一個小問題：「你平常有沒有運動的習慣呢？」如果沒有，我會進一步詢問：「有沒有什麼運動是你願意試試看的呢？」

一方面，透過運動釋放的內啡肽、多巴胺可以緩解情緒；另一方面，運動可以讓對內的自我攻擊轉化成對外的能量釋放，從而減少自我負面評價。適量運動對精力和情緒狀況都會發揮非常大的改善作用，可以說是不花錢的抗憂鬱藥。

當然，找到適合自己的運動項目是關鍵。如果對某一運動毫無興趣也會讓你難以啟動。運動種類繁多，動態的、靜態的，單人的、多人的，天上的、水裡的……可以花點時間想想看，哪一項運動會讓你感到愉快，願意開始嘗試。

一般來說，人們會傾向選擇與自己氣質類型相符的運動，偏內斂的人會偏好相對靜態的運動方式，偏外向的人會偏好相對動態的運動方式。

當然，這並不意味著你要將自己局限在某一特定運動上，氣質類型和運動方式可以相互影響，互相促進。你可以拓寬自己的選擇，用運動來調節自己的氣質類型，改善氣質中的一些慣用模式。偏外向的人，可以選擇讓自己安靜下來的運動，而偏內斂的人則可以嘗試一些能夠釋放自己能量的運動方式。你可以根據自己的運動習慣、體能和精力水準來設定體能管理方案。只要你願意嘗試，願意堅持，願意離開沙發動起來，不同的運動方式都可以試試看。透過突破自己的偏好，或許能打開自己的邊界，看到不一樣的世界。在這一章，我們來聊聊體能管理。

站對了也會瘦，站穩了自信跟著來

一個人的體態會透露很多訊息，身體也會用各種各樣的方式提醒我們，也許是痠脹，也許是呼吸不暢，也許是疼痛，只是我們對於這些訊息，往往習以為常，不夠重視。

我們可以嘗試進行簡單的自我評估。你可以先閉上雙眼，原地踏幾步，自然站立，在最自然的狀態下進行評估。這樣可以更準確地反映出你的真實狀態。然後，從正面、側面和背面拍照，觀察身體的姿態。這是一種有效的自我評估方式。

首先，我們來看看健康的標準體態：

1. 從正面看，雙肩平衡，腰部對稱，頭在脊椎的延長線上，骨盆中正。

2. 從側面看，腳、膝、髖、肩、耳朵在一條直線上。

3. 從背面看，耳垂在一條直線上，雙肩平衡，肩胛骨下角在一條直線上。

站，看似人人都會，卻不是人人都對。那些圓肩駝背、高低肩、O 型腿、X 型腿等不良姿勢，都是日積月累而成，並非一日之功。

想改善姿勢，先從站得像大山一樣不動搖

如果你想改善不良姿勢，我推薦一個基礎的瑜伽體式——山式，它被視為所有瑜伽體式的根基，也是解剖學意義上的標準姿勢。山式，意為像山一樣穩固、不動搖，是最基本的站立姿勢。將山式做好，能在行坐站臥時都有平衡和穩定的感覺。

山式站立的基本要點包括以下三點：

1. 雙腳併攏站立，腳掌平放，腳趾稍微分開，將體重均勻地分配在雙腳上，保持

身體的平衡和對稱。

2.雙腿伸直，大腿內側肌肉收緊並向上提升。

3.保持自然呼吸，脊椎向上延伸，感覺就像身體中央有一根繩子，將力量一直傳遞到頭頂。

這個體式看似簡單，其實很有難度。你要對抗長久以來的錯誤發力習慣，這並非易事，其中包含一些經常被人忽略的細節。

腳掌是否均勻受力

可以觀察自己最常穿的鞋子，看看鞋底磨損最嚴重的一部分是哪裡？內側？外側？還是鞋後跟？這都是不正確的用力習慣導致的結果。

瑜伽大師艾揚格（B. K. S. Iyengar）曾說過：「人的腳掌如同大樹的根，根基扎好，運用到所有體式中，身體都會更穩定。」

如果腳掌發力習慣不正確，就會引起全身的連鎖反應。因此，我們可以先從腳掌開始調整，試著先勾起腳趾，找一找腳掌均勻向下扎根的感覺。你會立刻發現，你的腿部線條發生了改變。

骨盆是否穩定

一些看似性感的姿勢實際上並不健康，比如大家常常羨慕的S型身材，其實是最常被忽視的骨盆前傾問題。骨盆前傾是指骨盆向前過度傾斜，導致腰椎過度彎曲的一種狀況。以這種姿勢走路時間愈久，對身體的傷害愈大。

骨盆前傾一不小心把全身問題都帶來了

作為身體重要的連結樞紐，骨盆前傾通常會引發一系列的連鎖反應。首先，影響脊椎形態和身材曲線，可能導致脊椎側彎、壓迫神經以及損傷肌肉，進而引發肩頸痠痛和腰痠背痛等問題。其次，骨盆前傾還會影響盆腔內臟器和生殖器官，導致身體寒冷、便祕、經痛等問題，嚴重時可能引發多種婦科疾病，危害不容小覷。

你可以簡單估測一下骨盆狀況，背靠牆站立，頭、肩、臀、足跟緊貼在牆上，正常情況下，腰部縫隙的大小只能允許一隻手掌平行穿過。如果塞進一顆拳頭仍綽綽有餘，說明可能有骨盆前傾的狀況；如果在自然狀態下，腰部與牆壁間未留有縫隙，說明可能有骨盆後傾的狀況。

相對來說，骨盆前傾的情況比骨盆後傾更為多見，這和人們的身體狀況、日常習慣都有很大的關係。當你調整好骨盆之後，可能會驚喜地發現，一直令你困擾的小肚子忽然就不見了。

還有一種比較常見的狀況是骨盆側傾。一些常見的小問題，比如高低肩，裙子老是偏離中線，左右鞋底磨損不均，走路總是擠向一側等，都可能與骨盆側傾有關。

現實中，大部分骨盆問題並非病理問題，而是長期姿勢不正確所致。比如站立時，很多人都習慣把重心放在一隻腳上，還有人喜歡蹺二郎腿……日積月累，都有可能會造成骨盆問題。

再次強調，身體姿態需要全身協調。如果姿勢不對，就會有其他的肌肉去代償，久而久之，就會造成某組肌群不平衡，進而引發其他問題。開始的時候，我們需要在生活中多覺察，避免自己又使用原來的不良姿勢。形成新的習慣之後，就可以自然而然地運用更準確的姿勢。

身體語言甚至能改變你的情緒和命運

心理學家佛洛伊德說過：「自我可以被認為是身體表層的一種心理投射。」身體，其實就是最根本的自我體現。肢體語言是會說話的，你在使用它，它也在表達著你，它會傳遞出你最直接的心理感受。

看看這兩種身體姿勢，你覺得哪個人會更有自信能獲得成功呢？

兩種站姿

統計結果顯示，更多人會選擇第二個姿勢。的確，無論是從給別人的感受，還是自己內心的感受來看，第二個姿勢都顯得更加舒展。

許多情緒低落的求助者常常以第一個姿勢來到諮詢室，當情緒有所改善後，會更多地使用第二個姿勢。多舒展身體也可以直接改善情緒，所以當你感到沒有頭緒、無從下手時，不妨從改善身體姿勢開始吧。

運動不必費力，從日常小事開始

希希又遲到了，氣喘吁吁地說：「電梯人太多，我走樓梯上來的。」

大家笑道：「才三樓就累成這樣？」

希希擺擺手，滿頭大汗，趕緊坐下擦汗，說：「這對我來說已經是全天的運動量了。」

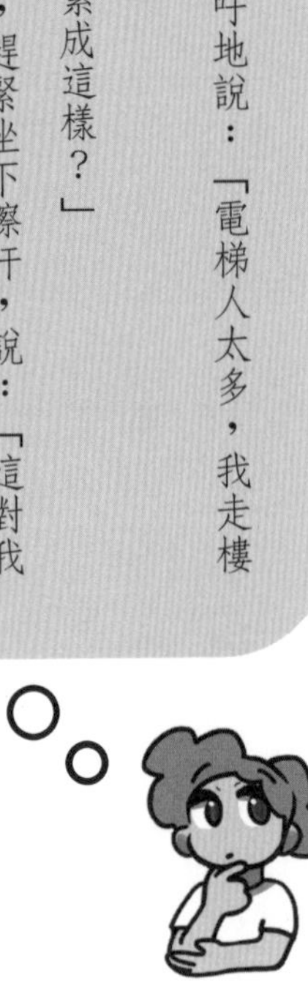

老師問道：「大家平常有做什麼運動嗎？」
「呼吸算嗎？」
「打遊戲算嗎？」
「走路算嗎？」
……
老師又問：「那大家覺得自己的體能狀況如何呢？」
希希：「靠著一口真氣撐到今天。」
好像找到了代言人，大家都笑了。

我們可以花幾分鐘時間來自測一下自己的體能狀況。

1. 一口氣上三樓感覺如何？
2. 平板支撐能保持多長時間？
3. 雙手在身後交握，可以向上抬多高？
4. 閉眼金雞獨立能保持多久？

幾個簡單的動作已經讓大家叫苦連天，希希連連搖頭：
「不測一下都不知道自己的身體已經弱成這樣！」

其實，不是你的體質弱，而是你的體能管理還有待改善。只要你願意花時間、花精力，有效訓練，科學管理，身體的變化會是立竿見影的。

運動就像吃菜要多樣，四種運動搭配才健康

從體能管理的角度來說，科學的訓練方法是：開始＋循序漸進＋多樣化。

我們可以選擇什麼運動項目呢？許多人會習慣性地做單一的項目，喜歡重訓的習慣專攻健身房，喜歡有氧的對力量不屑一顧等。

其實，運動和選擇食物一樣，也要多樣化，只進行單一的運動項目很難達到全面健康的效果。單一項目會導致某些部位長期勞損，某些部位卻又長期荒廢，身體功能

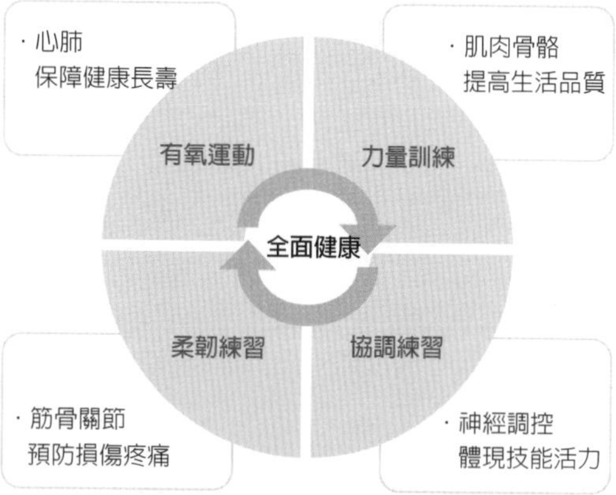

全面健康的四個板塊

逐漸退化，這樣如何談論鍛鍊和滋養。

人體的各項功能都需要合理適度的運用，不同的運動形式，鍛鍊的效果也不盡相同。我們可以將運動大致分為四個板塊：有氧運動、重量訓練、柔韌練習和協調練習。四個板塊需要有機結合，缺一不可。我們可以嘗試以不同的方式鍛鍊不同的部位，使運動多樣化，這樣做更容易達到全面健康的目標（參見上圖）。

有氧運動是身體加油站，慢慢加速，健康隨時啟動

四大板塊當中，大家最耳熟能詳的或許是有氧運動。所謂有氧運動，就是人體在氧

氣充分供應的情況下進行的運動。

當然，有氧和無氧永遠無法完全分開，因為沒有哪項運動是完全無氧的。有氧運動的過程中需要吸入大量氧氣，對心肺功能是很好的鍛鍊，可以增強肺活量和心臟功能。簡單來說，心肺功能是指人攝入氧氣並將其轉化為能量的能力，就像人體的氣泵一樣。

人體的許多生理反應都需要氧氣的參與，人或許可以三天不吃不喝，但一刻也不能沒有氧氣。

前文的爬樓梯測試，如果大家用正常的速度爬上三樓，沒有明顯的氣喘、胸悶，說明心肺功能良好。

希希爬三樓就已經氣喘吁吁了，說明心肺功能有待加強。

如何知道自己適合的運動強度？

進行有氧運動的重點在於對強度的控制，合適的運動強度範圍通常是最大心率的60%–75%，計算最大心率的公式是：220－年齡。

比如，希希今年三十五歲，其最大心率為220－35＝185，那麼 185×60%＝111，185×75%＝139，可得出希希在進行有氧運動時，使自己的心率保持在111－139次／分的鍛鍊強度是比較合適的。

當然，實際的運動強度還應根據個人的生理條件進行調整，例如年齡、體質等。對於年紀較輕和體質較好的人來說，可以在強度範圍的上限進行運動；對於年齡較大和體質較差的人來說，建議在強度範圍的下限進行運動。

當然，心肺功能是可以透過訓練改善的。有氧運動的方式有很多，比如步行、快走、慢跑、游泳、騎自行車、打羽毛球等。你可以根據自己的喜好進行選擇，也可以將多種運動方式進行組合，使運動更加多樣和有趣。每週三至五次，每次三十分鐘左右，就會有很好的效果。

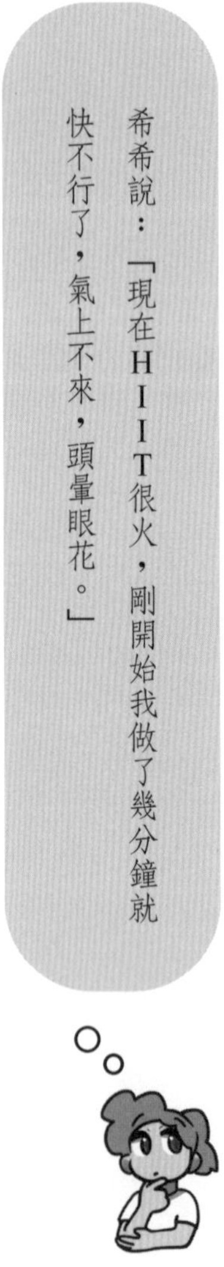
希希說：「現在ＨＩＩＴ很火，剛開始我做了幾分鐘就快不行了，氣上不來，頭暈眼花。」

高強度間歇訓練（ＨＩＩＴ）是近期非常熱門的運動形式，雖然在減脂方面具有顯著的效果，但並非每個人都適合這種高強度的運動方式。像希希這樣體能較弱且沒有運動習慣的人，不應盲目追求強度，建議還是要循序漸進，從低強度的運動開始，控制在可對話、輕微氣喘的程度即可。這樣不僅可以提高心肺適應能力，還可以避免運動損傷和身體不適。

運動不必計畫，充分利用生活中的小動作更容易堅持

我們都知道運動對健康有益，但很多人還是無法開始。這些人覺得運動需要專業裝備、健身卡、充足的時間等，這些都成了很多人不願意運動的藉口。

「打工人身不由己，我們哪有時間啊？」

「太累了，不想動。」

……

其實，真正的問題在於我們內心的抗拒，這會讓我們尋找各種各樣的理由來推託搪塞。所以，如果想讓自己開始動起來，我們就需要找到一種更加簡單的方法，比如現在非常流行的NEAT懶人運動法。它的核心理念是在日常生活中，利用所有非刻意運動消耗熱量。這意味著我們無須刻意參加體育鍛鍊或健身運動，只需要關注日常活動中的熱量消耗。

在生活中，我們觀察到這樣的現象：愈胖的人愈不愛動，而身邊那些愛動的人，即使沒有太多的時間也會進行有規律的運動，並且不容易發胖。兩者之間的熱量消耗

差異，就源自NEAT[4]。

其實，NEAT並不難執行。在日常生活當中，有一些毫無難度就能完成的活動，比如站著看電視、多步行少開車、多爬樓梯少乘電梯、遛狗等，這些都是NEAT。這些看似微不足道的動作都能幫你消耗不少的熱量。當開始刻意使用NEAT運動法時，你會逐漸變得更加健康。

在忙碌的生活中，大家擁有的完整時間不多，如果能充分抓住碎片時間，消耗額外的熱量，也是不錯的選擇。

NEAT運動法比集中時間去健身房鍛鍊更容易堅持，也不需要做太多的心理建設。你可以根據每天的安排和心情，制定自己的NEAT計畫。即使你日理萬機，也能夠擠出時間完成計畫。

大家可以先確定當天計畫消耗的總熱量，然後將總目標分解成更具體的小目標。比如，可以按照不同運動所需的時間來分解目標，一分鐘、五分鐘、十分鐘等。

在日常生活中，走路是日常最佳有氧訓練，沒有時間去健身房，可以透過走路消耗熱量。假設你到公司需要坐三站公車，你可以坐兩站，走一站。當然，不是隨隨便便、彎腰駝背地走，你可以以瑜伽山式的姿態走，腰背挺直、腿腳有力，雙臂自然擺動，你會發現整個人的狀態都不一樣了，身體變得輕盈有力，整個人都挺拔了。這時，你就會發現走路的好處了。

你還可以設計一些活動在碎片化的時間進行。

比如，看電視時，你可以每隔十五分鐘起來活動一下。

等車時，你可以踩踩台階，拉伸一下小腿後側。

等咖啡時，你可以踮一踮腳後跟。

接電話時，你可以稍微離開位置走動一下。

走路時，你可以順便拉伸一下手臂。

這些簡單的運動看似微不足道，但長期堅持下去，累積起來會有意想不到的效果。

作為高效能人士，我們更需要掌握好碎片時間，把運動融入日常生活中，慢慢地，這會變成生活的一部分。不論多小的運動量，即使只是洗個碗、擦個桌子，都是運動。只要按下啟動鍵，就是一個好的開始。

4　NEAT，Non-Exercise Activity Thermogenesis，非運動消耗熱量，例如爬樓梯、走路、做家事等。

重訓讓核心穩定，增強身體控制力

希希說：「重量訓練？我可不想練成大塊頭。」

想太多了，肌肉可不是那麼容易練成的，能隱約練出些線條，已是不易。其實，重量訓練的意義遠不止於練肌肉，肌肉的外形只是重量訓練的附加效果而已。

肌肉力量的評估一般有兩個維度：一是爆發力，二是肌耐力。因此，重量訓練的主要目的，就是練肌肉的爆發力和耐力。

一根橡皮筋，用的次數多了會變得愈來愈鬆，而肌肉正相反，會愈用愈緊繃，特別是在一個不正確的姿勢下反覆訓練同一組肌肉，會導致某些肌肉過度緊繃，從而引發炎症和關節疾病，降低生活品質。

因此，重量訓練的重要意義在於，讓肌肉該緊的緊，該鬆的鬆。

核心肌群是身體的安全氣囊

在重量訓練中，核心肌群的訓練非常關鍵，健身教練常會提到「核心」這個詞，它指的是負責維護脊椎穩定的肌肉群，擔負著穩定重心、傳導力量等作用，也是整個身體的重心所在。

例如，前面提到的骨盆前傾，不僅是個人習慣的結果，究其根本，還是核心力量薄弱所致。腰部伸展肌群和髖屈肌群過於緊張，而腹部肌群過於鬆弛，會讓身體前後兩側的肌肉不平衡，最終導致骨盆前傾。這種情況是可以透過核心重量訓練加以改善。

核心穩定性在日常生活的各種活動中至關重要。可以說，核心穩定是身體活動的基礎。它可以為肢體運動創造支點，從而提高身體控制和平衡能力。

一般來說，姿態優美挺拔、身體控制力和平衡力強的人，核心肌肉群控制力不會差。核心肌群就像是我們身體的安全氣囊，可以給身體以保護和緩衝。良好的核心穩定能力可以 幫助我們保持正確的姿勢，減輕久坐對人體的傷害。所以，久坐的上班

平板支撐時長

評價	平板支撐時間
頂尖水準	大於6分鐘
優秀	4–6分鐘
良好	2–4分鐘
一般	1–2分鐘
差	30–60秒
很差	15–30秒
極端差	小於15秒

族更應該注重核心肌群的訓練。

只要有方寸之地，每天花幾分鐘的時間，就可以對核心肌群進行強化。下面就給大家推薦幾種簡單、易操作的核心力量練習方式。

平板支撐

平板支撐（又稱棒式）被認為是身體核心力量最佳的訓練動作之一。它的優點是，時間投入少、占用場地小、可隨時練習，並且可以在較短的時間內看到效果。最重要的是這個動作可以全方位地鍛鍊核心肌群，讓運動能力得到整體的提升（參見上表）。

平板支撐很容易上手，但關鍵是姿勢要正確。

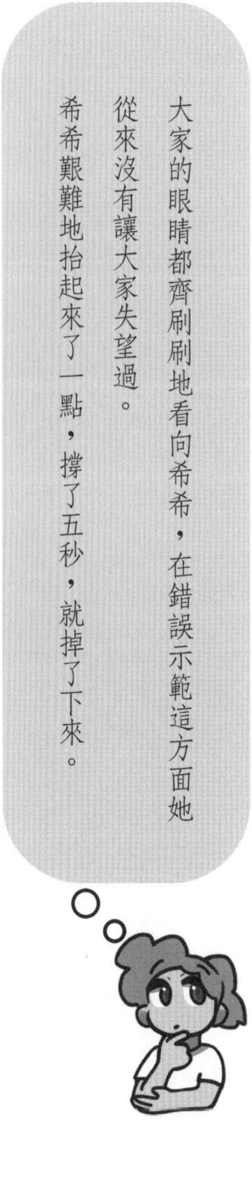
大家的眼睛都齊刷刷地看向希希，在錯誤示範這方面她
從來沒有讓大家失望過。
希希艱難地抬起來了一點，撐了五秒，就掉了下來。

其實，希希的狀況不是少數，堅持時間短並且有明顯的塌腰（腰部沒有保持水平狀態，而是向下凹陷）的狀況，說明她的核心肌群沒有準確發力。

平板式，顧名思義，就是整個身體看起來像一塊平板一樣。所以，無論是上翹還是下塌，都無法達到平板式的效果（如次頁圖所示）。

平板支撐的基本要點如下：

1. 俯臥，雙肘彎曲支撐在地面上，肩膀和肘關節在一條線上。
2. 雙腳腳尖踩地，用腳趾和前臂支撐，軀幹伸直，頭部、肩部、臀部保持在同一水平面上。
3. 核心向上提，腹肌收緊，盆底肌收緊，脊椎延長，眼睛看向地面。

正確動作

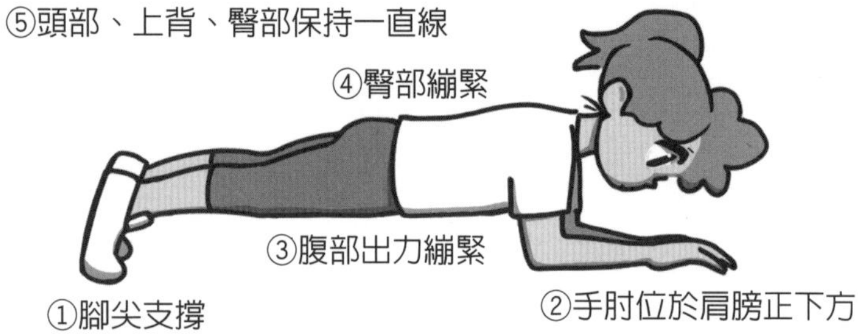

錯誤動作

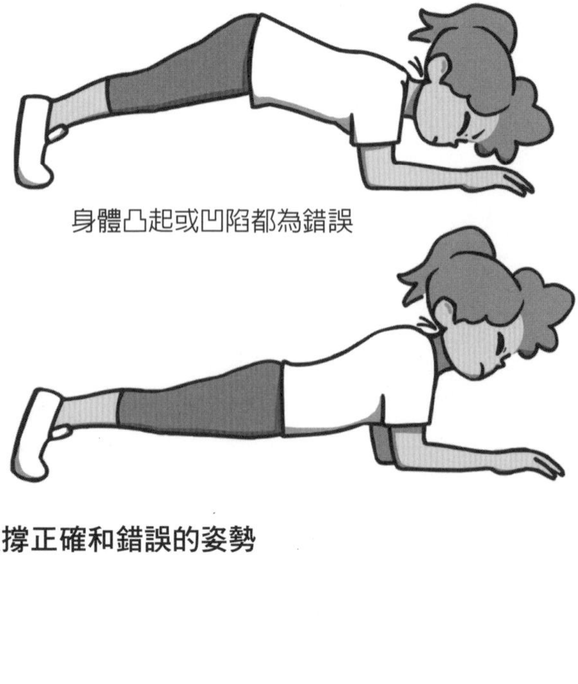

平板支撐正確和錯誤的姿勢

側棒式

4. 不要憋氣，保持均勻呼吸。

進階版：在此基礎上，可以抬左腿保持三秒，後交換右腿。

側棒式

側棒式是一個經典核心訓練動作，不僅可以鍛鍊核心肌群，還可以加強肌肉協調性、提高肌肉穩定性等（參見圖示）。

側棒式的基本要點如下：

1. 側躺，手臂撐地，手肘在肩膀正下方。
2. 軀幹保持一條直線。
3. 髖部伸直，避免髖關節折疊，保持身體在一個平面上。
4. 一側完成後換另一側，身體兩側交換

做。

進階版：在此基礎上，上方手臂向上伸直。

和平板支撐相比，側棒式更注重腹外斜肌和腹內斜肌的訓練，有針對性地鍛鍊腰兩側的肌肉，可以提高身體的穩定性。側腰是不少人比較薄弱的地方，贅肉也比較多，堅持做側棒式會有非常明顯的效果。

橋式

橋式（又稱作臀橋）是一個簡單易學但非常有效的核心訓練動作，練習這個動作可以強化臀大肌、臀中肌和膕繩肌（腿後腱肌群），並提高身體的穩定性（參見圖示）。

橋式的基本要點如下：

1. 躺平，雙腿彎曲，腳掌貼地，手臂自然放在身體兩側。
2. 吸氣，收緊腹肌和臀部，慢慢向上抬起臀部，直到身體和膝蓋成一直線。
3. 保持五秒，吐氣放鬆。

橋式

4.保持均勻呼吸，不要憋氣，重複十次為一組，進行三組。

注意：臀部抬起時無須過高，避免肋骨外翻和腰部代償。

進階版：在此基礎上，抬起一條腿，使其和軀幹在同一平面上，保持十秒，然後換另一腿做。

對於經常久坐的人來說，橋式不僅能夠強化深層核心力量，還能啟動背部和臀部的肌肉，是一個非常實用的訓練動作。

幻椅式

被許多瑜伽老師稱為萬能體式的幻椅式，其功能全面且強大，幾乎可以鍛鍊到身體的每一個部位。它可以強化雙腿和臀部肌肉的力量，矯正和美化腿形、臀型，增加核心力量和前屈能力，增強背部肌肉力量，延展脊椎，擴展胸腔（參見圖示）。

幻椅式的基本要點如下：

1. 山式站立，雙手掌心相對，雙臂伸直上舉過頭頂。
2. 屈雙膝，重心移向臀部向下蹲，直到大腿與地面平行。
3. 胸腔上提，雙肩往下沉，大腿肌肉收緊，注意不要翹臀。
4. 放鬆，回到山式。

幻椅式

雙手交握

如果您的膝蓋力量較弱，請避免將膝蓋超過腳尖，同時請保持腰背挺直，收緊腹部。想像後方有一把透明椅子，想往下坐但還沒坐到時的微妙感覺。

練瑜伽的人常說，複雜的體式簡單做，簡單的體式反覆做。這幾個體式看似簡單，但要做到標準並不容易。如果能長期堅持練習，健康和體態都會有所改善。

僵硬是久坐的結果，做伸展讓肩頸恢復彈性

雙手在身後交握，你能向上舉多少度（如圖所示）？

擁有健康肩頸的人應該可以抬高超過四十五度，狀況好些的可以達到九十度。透過這個體式，你可以簡單檢測一下柔韌性（或稱柔軟度）。

希希大概只能抬到十五度，搖頭說：「我天生就是個『鋼鐵俠』。」

其實，哪有什麼天生「鋼鐵俠」，如果你仔細留意，小嬰兒很容易就能吃到自己的腳趾。我們也曾柔軟過。

久坐不動容易導致身體僵硬，這個很好理解，但也有不少人天天運動，身體仍舊很僵硬。也就是說，肌肉長期不用，或用後沒有及時放鬆，都會導致肌肉變得僵緊。

那是不是身體愈軟愈好呢？並非如此。

大家看過提線木偶嗎？身體活動的關鍵，是控制全身動作的那根線。如果線太鬆，就無法發揮固定的作用；線過緊，整個身體會變得過於緊縮，從而影響身體的循環，因此柔韌性就顯得尤為重要。

柔韌性（柔軟度）是指人體完成動作時，關節、肌肉、肌腱和韌帶的伸展能力。好的柔韌狀態是收放自如，柔軟而富有彈性，一般可以透過伸展來實現。

伸展是一種主動恢復的方法，能幫助肌肉舒張，讓氣血通暢，使身體更加輕鬆。伸展可以把新鮮血液帶到肌肉中，從而提高身體的協調性和柔韌性，減少受傷的風險。特別是在運動前後進行伸展，會有事半功倍的效果。

當然，柔韌性訓練不僅局限於運動前後，平常我們也可以做些柔韌性練習來增強關節活動度，這既能讓我們保持良好的體態，還能改善生活品質。

肩頸緊繃是身體未爆彈，七伸展輕鬆解彈

在課堂中，被問到最多的是肩頸問題。

希希說：「我是三十歲的人，五十三歲的肩。」

前傾程度

肩頸問題確實非常普遍，現代人長期久坐，肩頸肌肉長時間處於緊張狀態，因此變得愈來愈僵硬，而且這種情況有年輕化的趨勢。

實驗發現，當頭部前傾六十度的時候，頸椎承受的壓力會超過一個七歲小朋友的重量。可以想像，身體在這種情況下所承受的負擔（參見圖示）。

長此以往，會導致血液循環不暢，頸部周圍的神經被壓迫，肌肉失衡，肩頸愈來愈僵硬。而肩頸就像人體的十字路口，是氣血供應頭部的主要通道，長期堵塞會導致毒素無法排出，從而導致膚色暗沉、記憶力減退等問題。

經常練習肩頸伸展，不但可以緩解肩頸

緊張、放鬆頸部肌肉，還可以促進血液回流，讓你恢復好氣色。

如果你的工作需要整天坐著，那麼可以在午休時，伸展一下肩頸，能產生比喝咖啡更好的提神作用。僅僅幾分鐘就可以讓你找回狀態，擺脫困倦。

伸展時切忌忍痛硬撐，遵循非暴力原則，與身體和諧共處。僵硬不是一天造成的，所以恢復彈性也需要時間，無法一蹴而就。拉伸身體到有一點痠的感覺，但能承受的程度即可。

推薦給大家幾個隨時隨地就可以進行的簡易肩頸伸展動作。

動作一：雙手在身後交握伸展

雙手在身後交握即可，這是一個非常簡便的伸展肩頸的動作。在辦公室裡，還可以利用椅背作為輔助。

基本要點：

1. 腰背盡量保持平直，雙手在身後交握。
2. 吸氣，手臂盡量向上延伸，手腕處可以卡到椅背的上沿。

3.呼氣，慢慢收回。
4.每次十五秒，重複三組。

動作二：坐、跪或站姿伸展

這個動作可以很好地舒展胸腔、肩頸及後背。在坐、跪或站姿中進行均可。

基本要點：

1.雙手十指交扣在後腦勺處。
2.吸氣，抬頭打開胸腔。
3.吐氣，低頭弓背，手肘收回。
4.每次十五秒，重複十次。

動作三：利用瑜伽繩、彈力帶、毛巾等伸展

這個動作重點在於肩頸，在坐、跪或站姿中進行均可，可以利用瑜伽繩、彈力帶、毛巾等工具進行輔助。

基本要點：

瑜伽繩伸展

1. 腰背盡量挺直，避免塌腰和肋骨外翻向前突出。

2. 手臂伸直，雙手分開兩倍肩寬（可根據肩頸情況進行調整），吸氣手臂上舉。

3. 雙手向後畫圈（可抓輔助物），在你最有感覺的位置上保持十秒。

4. 吐氣，雙手收回向前。

5. 重複十組。

動作四：利用牆角伸展

牆角也是絕佳的伸展工具，只需找一個牆角的位置就可以進行伸展（參見圖示）。

基本要點：

1. 大臂（也稱上臂）平舉，大小臂彎曲九十度，手臂扶牆。

牆角伸展

2. 背部平直，身體輕微前傾，感受肩頸處的伸展感，保持在可以接受的位置上。
3. 堅持十五至三十秒，重複三組。

動作五：利用門框進行伸展

日常進出時，也可以利用門框作為輔具進行伸展（參見次頁圖示）。

基本要點：

1. 面朝門口或牆角站立，雙腳打開與肩同寬。
2. 雙臂伸直，與肩部同高，手掌放在門框或牆上，大拇指朝上。
3. 腰背放鬆，身體自然前傾。
4. 保持十五至三十秒。

利用門框伸展

動作六：運用牆面伸展

如果沒有門框，也可以運用牆面作為伸展工具。左右分別進行伸展，可以有效緩解胸肌和肩胛下肌的緊繃（參見次頁圖示）。

基本要點：

1. 身體右側靠牆站。
2. 將右臂貼靠牆壁，掌心朝內，肩頭不要離開牆壁，右手臂與肩膀成一條直線。
3. 保持呼吸，覺察右肩膀和胸腔的伸展。
4. 保持三十秒，交換方向進行伸展。

動作七：牆面向上伸展

運用牆面，向上進行伸展（參見次頁圖示）。

牆面伸展

牆面向上伸展

基本要點：

1. 面向牆站立，保持約一條腿的距離。
2. 手臂盡量伸直，雙手推牆。
3. 兩手掌交替向上延伸，在最有感覺的位置保持住。
4. 胸腔舒展，不要塌腰。
5. 保持三十秒。

類似的動作還有許多，這類動作都不需要複雜的輔具，簡單方便且效果明顯。只要大家掌握了大的原則，就可以舉一反三，椅子、衣服、牆面、門框都是絕佳工具。我們可以在工作空檔靈活利用手邊的事物，隨時隨地為身體充電。這些動作非常適合生活節奏快、壓力大的現代人。

身體會回應你的，當你忽略它時，它會變得僵硬；但只要你關注它，它就會給你積極回饋，變得更加柔韌有彈性。

身體平衡一如呼吸，是生活的必要

「我到現在都學不會騎自行車。」

「我走路有點手腳不協調，會同手同腳。」

「我學動作總是比較慢……」

「我經常走著走著就會莫名地腳踝扭傷、摔跤。」

其實，這些都是身體平衡能力的直觀反映。平衡能力像呼吸一樣，是一種自然而然的能力，看似不起眼，一旦出現問題，我們才會意識到它對生活的重要性。

平衡能力體現在我們生活的各個方面，在任何運動中，身體都需要維持平衡狀態。它反映了身體前庭器官、肌肉和關節等部位的協調配合能力。保持平衡的時間愈長，平衡能力愈好，人體的運動能力就愈強。

改善身體平衡能力，不僅能夠維持脊椎和姿勢的穩定，保持身姿挺拔，還能減少運動損傷的發生，有效改善身體的協調性。此外，在精力管理中，平衡能力訓練還可以提高專注力和大腦的反應速度，穩定情緒。因此，它也被視為體能管理中不可或缺的一環。在瑜伽練習中，就有不少平衡體式。

閉眼單腳站立是身體平衡能力的經典測試

閉眼單腳站立就是對平衡能力的一項小測試。

具體做法：

雙手打開，保持平衡，單腳站立於平地上，另一隻腳微微抬起，當抬起的腿與地面平行時開始計時。一共測試兩次，取最好成績。計時期間，單腳閉眼站立時沒有明顯晃動才算有效。

閉眼單腳站立是測試自己健康狀況的一個指標，也是衡量你的身體平衡能力的經典測試之一。與血壓、血脂、血糖等指標一樣，都是衡量健康的重要指標。

正常情況下，各年齡段人群的閉眼單腿站立時間如下：

二十至四十九歲：二十四至二十九秒。

五十至五十九歲：二十一秒。

六十至六十九歲：十秒。

七十至七十九歲：四秒。

這個測試既可以評估一個人的平衡能力，也是健康問題的提示器，提示身體各個系統是否處於相對平衡的狀態。

好消息是，平衡能力可以透過訓練來有效提高的。即便最初只能堅持五秒，經過訓練後，大部分人的持續時間都會變長。你只需要設計一個適合自己的平衡性訓練計畫，在保障安全的情況下循序漸進地練習。

平衡不僅是站穩的技巧，更是身心協作的藝術

下面推薦一組逐漸升級的平衡性訓練動作，大家可以根據自己的情況選擇練習。

進階一：金雞獨立

這項練習可以隨時隨地進行，例如刷牙時、等待時等。

將一隻腳抬起，站立並維持平衡，堅持十至三十秒，然後換另一隻腳。

開始時，如果難以保持平衡，可以手扶牆壁或椅子，練習一至二組。在能夠穩定站立之後，還可以慢慢加入手部動作。

進階二：鳥王式

鳥王式也叫鷹式，是一個非常優美、有氣勢的體式，屬於中級不對稱平衡站姿（參見圖示）。

基本要點：

1. 由山式站立開始。

鳥王式

2.吸氣，雙膝微屈，抬左腿並纏繞在右腿上，腳尖朝下。

3.右手在上，左手在下，雙臂纏繞，手肘與肩同高，掌心盡量貼合，指尖向上，目視前方，停留五個呼吸。

4.吐氣，雙臂慢慢放下，回到山式。然後交換練習另一側。

練習之後，你會感覺肩背得到前所未有的放鬆，這個體式對啟動全身肌，強化核心，塑造身體線條，提高身體平衡能力、協調感和專注力都很有幫助。

如果感覺困難，腳尖可以點地，如果原本膝蓋有傷的人就不建議練習此動作了。

進階三：戰士三式

戰士系列體式是為了紀念傳奇武士維拉巴陀羅而創立的。其中，戰士三式非常注重全身力量的穩定，需要全身的配合，對於平衡和專注的要求也比較高（參見圖示）。

基本要點：

1.由山式站立開始。

戰士三式

2.向前邁右腳，略提起腳尖，將目光放在鼻尖或地面上。

3.雙手臂從體側向上伸展至頭頂處，掌心合十。

4.吸氣，微曲右膝，左腿向後方慢慢抬起，同時上半身向前傾，身體與支撐腿呈九十度，確保髖部水平，右腳膝關節慢慢伸直，均勻呼吸，保持十秒鐘。

5.吐氣，慢慢回到山式。換另一側練習。

多練習這個體式，可以很好地調整體態，加強腹部和腿部的力量，強化內臟器官，讓脊椎和身體肌肉平衡發展，提高身體的平衡感和集中注意力的能力，並且能使思維更加清晰。開始時，你可以從指尖觸牆作為支撐，循序漸進，逐漸過渡到不需要輔具。患有高血壓的人就不建議練習這個體式了。

請根據自身狀況選擇練習的體式，循序漸進，不必勉強。或許你已經發現，平衡並不簡單，並且不是獨立存在的。在平衡體式中，我們通常依靠一條腿來支撐身體，如果沒有呼吸的配合，沒有穩定的根基和柔韌性的加持，平衡就難以保持。

所以，在體能管理的四大板塊中，心肺、重量、柔韌、平衡只有協同合作，才能讓身體更和諧地運轉。

有適合所有人的最佳運動方式嗎？其實，每個人適合的運動不一樣，你需要去找到最適合自己的方式，那或許就是你與身體和諧相處的方式。當它變成了你生活當中的一部分，無須刻意，你的生活就會自然而然地改變。到那時，你會發現，體能管理不再是一種負擔，而是一種選擇，一種生活方式的選擇。

第7課

愈睡愈累，你睡對了嗎？

——調整睡眠習慣、學習睡眠技巧，學會如何睡個好覺

「昨晚睡得好嗎？」

希希搖搖頭：「不好，滑手機滑到半夜，晚上睡不著，早上起得早。」

你會不會也是這樣？凌晨兩三點還捧著手機，即便已經睏得睜不開眼，依然死撐著不肯睡覺。愈不睡，愈焦慮，周而復始，惡性循環。

求助者中，十有八九都有睡眠問題。睡眠是我們與生俱來的能力，但卻慢慢被我們遺忘。曾經，我們的祖先過著日出而作、日落而息的生活，睡眠是一件再簡單不過的事情。只要躺在床上，不需要幾分鐘，便會進入沉沉的夢鄉。但如今，能夠好好睡覺幾乎成了奢侈。到底是哪裡出了問題？

睡覺時，大腦會修復損傷細胞，清除白天積累的毒素，保證我們第二天醒來後能精力充沛地投入學習和工作中。睡眠，不僅是大腦的休息方式，也是整個身體的休息方式。

然而，現代人不僅沒有好好珍惜睡眠時間，反而拚命從睡眠中搶奪時間，這種做法短期貌似有效，但長期看來，反而會極大地影響效率。更不用說，熬夜還會導致面容憔悴、記憶力下降、腦部退化，並且更容易憂鬱。

就像手機需要充電一樣，睡眠是人的充電過程，如果一晚上充不上電，或者效率太低，就要檢查一下是哪裡出了問題：是電源有問題，還是電池有問題？又或者是兩者不匹配，使用方式不對？

雖然睡覺是一種本能，但並非不可改變。睡眠習慣可以調整，睡眠技巧可以學習。這都是睡眠管理的關鍵，也是本章需要探討的問題。

遵循自己的晝夜節律，讓身體更健康、生活更美好

你覺得一個「好覺」應該是怎麼樣的呢？

「我想睡夠八個小時。」

「我希望能一覺睡到天亮。」

每日睡眠記錄清單

時間	項　目	自我評估（評分從1分到10分依次為非常不滿意到非常滿意）										
		0	1	2	3	4	5	6	7	8	9	10
	1. 你給現在的睡眠打幾分？											
	2. 早起後，你的身體感覺如何？											
	3. 早起後，你感覺精力如何？											
	4. 早起後，你感覺精神如何？											
	5. 你一整天的精力怎麼樣？											

「我希望能夠早睡早起，堅持打卡！」

睡眠管理的前提是了解自己的身體節律。我們並非來自工廠的標準化產品，每個人的身體狀態不同，適合的睡眠時間和方式也不同，不能使用單一標準來管理睡眠。

而睡八個小時只是一個平均值，不同的人需要的睡眠時間不同。無須自我懷疑，這不過是參考值罷了，並不代表正確的標準。你可以透過睡眠記錄清單了解自己的身體節律。有意識地記錄自己的睡眠時間、精力狀態，有助於你找到最佳睡眠節奏。

找到自己的生理時鐘

究竟睡多久比較合適呢？每個人合適的睡眠時間不同。例如，拿破崙一天只睡三個小時，英國前首相柴契爾夫人每晚只睡四個小時，而愛因斯坦則需要睡上九個小時，女子自由式滑雪運動員、奧運冠軍谷愛凌每晚則要有十個小時的睡眠時間。

有些人一沾枕頭就能呼呼大睡，而有些人卻輾轉反側，難以入眠，睡不著也起不來。如果每個人都要按照「八小時睡眠」、「早起早起」的標準來要求自己，那會非常痛苦。

據統計，多數人需要六至八個小時的睡眠，但有5％的人只需要少於六個小時的睡眠時間，還有一部分人，他們的睡眠需求超過八個小時，甚至達到十個小時，這有可能是我們的DNA在「作怪」。

生理時鐘類型具有遺傳性，如果你擁有短睡眠基因，或許你睡得少、睡得淺也無大礙；如果你擁有長睡眠基因，早起對你來說或許就是一種折磨。如果你注意觀察，會發現你父母中一方的生理時鐘類型很有可能和你一樣。

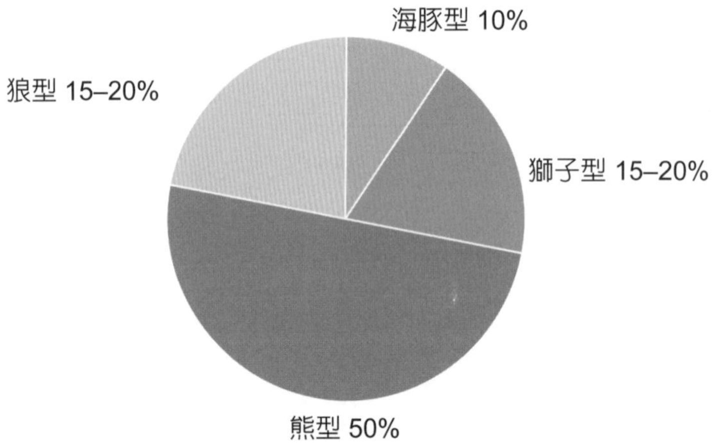

生理時鐘的四種類型

心理學家認為，我們的生理時鐘會影響我們在一天的不同階段的精力狀態。

美國睡眠專家麥可．布勞斯（Michael Breus）將人的生理時鐘進一步分為四種類型（參見圖示），並用海豚、獅子、熊和狼四種動物來代表。當然，和所有的分類方法一樣，這並不是絕對的，僅供參考。

1. **海豚型**：在自然界中，這類動物在睡覺的時候只有一半的大腦處於睡眠狀態，另一半則是清醒的，相對來說睡眠較淺，容易被驚醒，警覺性較高，醒後易有疲勞感，但逐漸會恢復狀態。愈臨近晚上，精力愈充沛、警覺性愈高，這種類型的人占比約10%。

2. **獅子型**：獅子總是在天剛微微亮的時

候醒來，準備尋找獵物，因為那正是獵物最想睡的時刻。獅子型的人通常習慣早起，醒來後就覺得精力非常充沛，感覺自己隨時可以迎接各種挑戰。但是隨著時間的推移，精力水準會逐漸下降，這種類型的人占比15–20%。

3. **熊型**：熊總是日出而作日落而息，牠們的作息和太陽活動週期最為接近，可適應多數集體活動，也是我們常說的「大多數」，這種類型的人占比約50%。

4. **狼型**：狼總是在白天休養生息，在夜晚來臨時出沒。因此，狼型人通常早上感到疲憊，到了晚上則精力充沛，想像力和創作力也會達到高峰，喜歡晚睡晚起，是典型的夜行動物，這種類型的人占比約15–20%。

希希就是典型的海豚型，睡夠八個小時對她來說是種奢望。她也常常不太接納自己的睡眠狀況，所以這一類型的求助者也是最多的。狼型求助者也不少，大家推崇的早睡早起的標準，對他們來說是一種折磨。

所謂的標準作息，更適合占比最大的熊型和獅子型人。但適合多數人的標準並不是唯一的標準，所以不必強求，也強求不來。大多數情況下，對於睡眠品質好壞的評價是一種主觀感受。

在原始社會中，每個人都有自己的角色，大家會尊重各自的生理時鐘，分工合作。晚上，晚睡人負責守夜站崗、看守篝火；早晨，早起人早早起床，為新的一天做好準備，發揮自己的所長。

這四種類型並不存在好壞之分，只是每個人的生理時鐘不同，如果強制改變自己的睡眠時間，反而容易導致身體不適和情緒問題。因此，如果一個人覺得自己精神飽滿，身心舒暢，活力充沛，並且生活、作息、身體和情緒都良好，那麼通常睡眠也沒有什麼問題，無須太過焦慮。

對於睡眠品質，我們還可以透過睡眠週期這一指標去評估。

睡眠週期有波動

「一覺到天亮」真的存在嗎？

其實從古至今，我們並沒有真正的「一覺到天亮」。想像一下，在並不安全的遠古時代，當夜晚降臨時，我們的祖先，無論是視力或對抗野獸的能力都會下降。因此，不得不減少活動，避免危險，並讓大腦和身體得到休息。此時，如果睡得過沉、

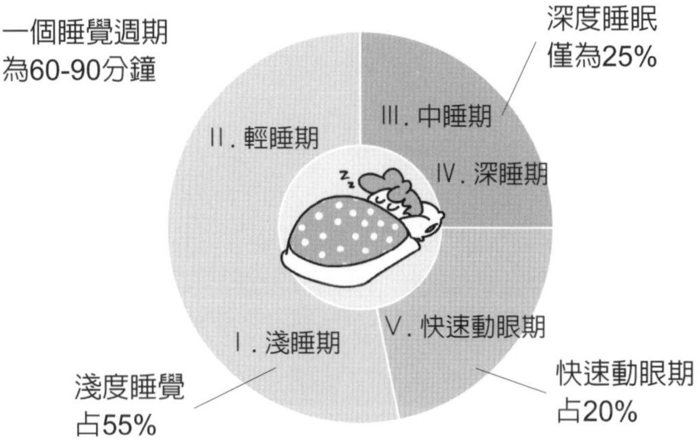

睡眠週期的五個階段

過久，可能會面臨更大的危險。所以，人類都有自己的睡眠週期，即便是嬰兒也是如此，只是過渡得不落痕跡，很快又睡去而已，所以不用過於糾結，大家都一樣。

當我們入睡時，睡眠會逐漸深入，再逐漸變淺。因此，一個睡眠週期分為五個階段——淺睡期、輕睡期、中睡期、深睡期和快速動眼期，每個階段都有不同的特點和功能（參見圖示）。如果你沒有在任何一個階段醒過來，那麼恭喜你，完成了一個完整的睡眠週期。經歷一個完整的週期大概需要九十分鐘左右。一般來說，成年人每晚會經歷四至五個睡眠週期，即六至八小時的睡眠時間。

「非快速動眼期睡眠」是睡眠的第一個

階段。進入這個階段以後，眼球轉速降低，腦電波穩步放緩，大腦活動也趨近於零，所以這個階段又被稱為「慢波睡眠」。睡眠的前四個時期都屬於這個階段。

首先是淺睡期。腦電波開始放緩，但睡眠還很淺。接著是輕睡期，淺睡期和輕睡期占睡眠週期時間的一半左右，此時腦電波運行捉摸不定，頻率和振幅時小時大。然後，腦電波波幅變寬，神經元放電頻率減緩，心跳速率、呼吸速度和血壓均漸漸下降，到了中睡期和深睡期。深度睡眠雖然只占總睡眠時間的四分之一左右，卻是至關重要的，對消除疲勞、恢復精力和提高免疫力非常關鍵。若在此時被驚擾，就會感覺頭昏腦脹，常常會有所謂的「起床氣」。最後一個階段是快速動眼期睡眠階段，此時眼球轉速加快，大腦重新變得活躍，腦電波活躍程度甚至比清醒時還高。這似醒非醒的時刻也是人們進入夢境的階段。

隨著睡眠的深入，快速動眼期睡眠的比重也逐漸增加，人體也逐步適應天亮後的節奏。

在理想狀態下，我們的睡眠週期會一個個地順利過渡、無縫連接，直到清晨醒來。然而，現實生活中，我們可能會遇到各種干擾，如雜訊、壓力、咖啡因或生理因素等，這些都可能會打斷我們的睡眠週期，讓我們無法享受深度睡眠的好處，重新回到淺度睡眠狀態。

黃金九十分鐘，睡眠品質保證的關鍵

如果要問睡眠過程中哪一個週期最關鍵，答案是第一個九十分鐘的睡眠週期。這九十分鐘是保證睡眠品質的關鍵。有了這個週期做鋪墊，整晚睡眠品質就有了保障。它就像二八定律中關鍵的20％一樣重要。

有沒有發現，當到了固定的睡眠時間，開始逐漸出現睡意時，如果耽擱「過點了」，你反而不想睡了，之後就會很難再進入深度睡眠狀態。過了這個週期，即使再想努力入睡，精力都很難補充回來了。

或許很多人會身不由己，抱怨「工作太忙了」、「明天趕著要資料」、「不熬夜加班不行」。建議你有睡意時，可以先睡上第一個黃金九十分鐘（當然，還要加上你入睡的時間，建議預留一百一十至一百二十分鐘），先保證睡眠週期的關鍵部分，然後再繼續加班。在沒有條件保證足夠睡眠時間的情況下，這種方法也可以有效補充精力。

你可以在自然狀態來測試自己的睡眠週期，並根據你的晝夜節律選擇合適的休息時間。如果你是短睡眠者，可以從四個週期開始測試。如果四個週期後你感到精力充沛、沒有睡意，那麼你可以將其暫定為你的睡眠週期。如果還是感到精力不足，可以逐漸增加睡眠週期，直到你感覺精力最佳為止。找到最適合你的睡眠週期後，要盡量保持這個時間段的穩定。

如果你不確定何時該去睡覺，也可以使用倒推法。先確定你的固定起床時間，再用睡眠週期來倒推。比如，你需要早上六點起床，而你要保證最佳精力狀態需要四個睡眠週期，而且通常需要半小時才能入睡，那你至少晚上十一點半就要去睡覺了。

英國睡眠專家尼爾·史丹利（Neil Stanley）說：「改善睡眠效率最有效的方法，就是每天早上都在固定時間起床。」當你的身體習慣了這一作息時間後，就會在需要休息時盡可能地提升睡眠效率。研究顯示，在真正醒來前的一個半小時，身體會做好準備。身體渴望規律的生活。所以，如果你的睡眠時間不固定，你的身體也就無法確定何時應該準備醒來。

找到晝夜節律之後，你就可以把這個時間固定下來，堅持每天定時入睡、定時起床，這對睡眠管理而言，是最高效的方式。

睡不著？
可能是身體在對你發出危險警報訊號！

現在，諮詢睡眠問題的求助者愈來愈多。睡眠占據了我們一生中將近三分之一的時間，正是因為太重要了，我們才會對睡眠不足耿耿於懷。

睡眠是生理需求，但睡眠方式是後天習得的。因此，除了基因的影響，睡眠問題還與我們後天習得的思維模式和行為方式密切相關。

其實，睡眠出現問題也是在向我們發出訊號，提醒我們身體失去了平衡，需要重新調整。

透過了解和改善我們的思維方式和行為習慣，並採取基於科學依據的方法，就可以重新找回平衡狀態，獲得更好的睡眠。

捨不得睡的心理因素

「為什麼那麼早睡，是遊戲不好玩，手機不好看嗎？」

「夜晚的時間太寶貴了，實在是捨不得睡。」

希希說：「不想睡覺是因為不想結束今天。」

簡而言之，就是三個字——不甘心。

你有沒有過這樣的狀況？白天被各種工作驅趕著透不過氣，時間幾乎都被工作填滿了，只有睡覺前的那幾個小時才真正屬於自己。這個時間段不被打擾、無人挑剔，你就是自己世界唯一的掌控者。

睡覺時間已到，但還想再拖一會，於是愈睡愈晚，睡眠品質也愈來愈差，看似是放鬆，其實更疲勞了，周而復始，惡性循環。

想要改善這個問題，我們可以在白天騰出放鬆、獨處的時間，提前給自己留個喘息空間，主動透透氣。例如，高強度工作四十分鐘後，休息十分鐘，伸展一下身體，補充點營養，適時小憩。不要等到欲望不斷積累，情緒不斷放大後，再依靠熬夜來報復性彌補。

過度焦慮睡眠，讓你更難入睡

許多睡不著的人常常有一個強大的超我，有很多「應該」的信念。比如「晚上應該早睡」、「睡眠中間不應該醒」、「醒來應該很快就要睡著」等。這些信念就像一位盡忠職守的門衛，時刻警惕，不願放鬆。一旦「應該」之外的情況出現，就開始對自己進行嚴格的審查和批判。其實更多時候，傷害源於這些所謂的「應該」的標準，以及自我拉扯的內耗。當你把意外狀況當成了賊，日防夜防，它終不負所望，偷走了你的睡眠。

不少求助者都自述失眠，但在深入詢問後，會發現他們其實並不是真的失眠。有研究對一些自述失眠的年輕人進行了睡眠觀察和腦電圖檢測，發現他們與正常睡眠狀態的人並沒有明顯的差別。即便是被移動身體，或是被在臉上畫圖，他們都渾然不知。但醒來之後，他們仍堅稱自己根本沒睡著。這種自我感覺失眠的狀態，是一種假性失眠。

美國睡眠專家、神經科學家克里斯．溫特（W.Chris Winter）曾經總結了失眠者的兩種心態：一種是過度在意睡眠；另一種則是無論實際睡眠品質好不好，都認定自己睡得不好。這些負面想法對身體的影響，遠遠大於實際睡眠問題的影響。

壓力過大導致自律神經失衡，影響睡眠

睡覺時也是我們最脆弱的時候，如果這時我們面對太多壓力，大腦會將危險和壓力解讀為同一件事，從而導致失眠或睡得很淺，這是身體對危險警報的生理反應。

人體自律神經系統，包含交感神經和副交感神經兩種機制。交感神經負責啟動身體的壓力反應，包括心率加快、血壓升高等；副交感神經則負責平衡和調節身體正常機能活動，如調整呼吸和調節心臟等。在放鬆和休息的狀態下，副交感神經發揮作用，從而促進身體的恢復和修復。

如今現代人身心失衡的主要原因之一是，長期緊張導致交感神經系統被過度刺激，而副交感神經系統過於疲弱。這種緊張的神經狀態會讓我們輾轉反側，難以入眠。

所以，保持兩種機制的平衡，對於身體健康至關重要。就像一根橡皮筋，最重要的是彈性。有緊繃，有放鬆，能恢復，才是一種健康平衡的狀態。

那麼，怎樣做才能有良好的睡眠品質？

接納睡眠狀況，放鬆心態有助入睡

首先，要完全接納自己的睡眠狀況，如果睡到一半醒來，不必過度苛責自己，這是正常的睡眠週期表現。人體有自我調節的智慧，就像每個人都會感冒，我們要做的不是抑制感冒的症狀，使其消失，而是要找到根源，調整狀態。

有些人喜歡在睡前反省檢討一天的工作學習狀況，這種方式並不適合睡眠比較淺的人，這會啟動超我的自我反省機制，變得更加警惕，從而導致更難入睡。所以，接納自己的睡眠狀況，讓超我暫時放鬆下來，也是一種非常有效的方法。

你可以想出一些適合自己的放鬆金句，比如有人會用「沒什麼大不了」、「我可以接受一切的狀況」、「睡不著也沒關係」等語句。平常多在心裡重複幾次，自然會影響你的心境，讓你逐漸放鬆下來。抱著「睡不著也沒關係」的心態，反而可以緩解精神壓力，讓你自然而然地入睡。

之前提到過的腹式呼吸法、漸進式肌肉放鬆法等，都可以讓你有效地放鬆下來。如果你真的有太多的雜念，還可以透過自由書寫的方式，在紙上對想法進行梳理。當雜念整理清楚後，大腦就會很快放鬆下來。

人總是會睡覺的，這是本能。我們只需做到自己能做到的部分，剩下的，無須控制，也無法控制。

建立睡眠強連結

在床上聊天、玩手機、看書學習……睡覺反而變成了非主要的事件，這或許是很多人的狀況。

從心理學的角度來說，行為是不斷強化的結果。你想要什麼樣的結果，你就去不斷強化讓這一結果產生的行為，弱化干擾行為，讓身體自然而然地形成連結。

比如希希，在睡眠空間有太多干擾項，睡眠指示不清晰，身體會習慣於在床上保持清醒。久而久之，「床」和「睡不著」之間的連結愈來愈強，經過多次失眠的折磨，床就徹底和清醒、焦慮和輾轉難眠綁定在一起了。

因此，我們需要重建床和睡眠之間的強連結，床只用來睡覺，不要把它變成一個多功能的空間。你需要透過意識、行為和環境上的調整，把這個空間和睡眠緊密連結起來。與睡眠無關的事物，盡量轉移至別處，專區專用，不斷為頭腦建立一個迴路，讓自己只要一躺到床上，就能自然地進入睡眠狀態。

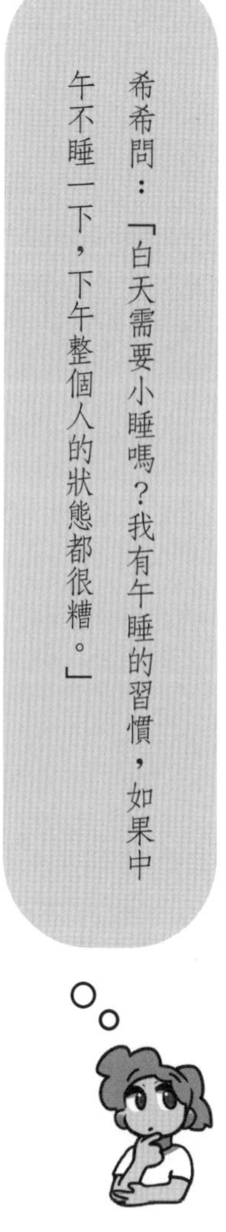
希希問：「白天需要小睡嗎？我有午睡的習慣，如果中午不睡一下，下午整個人的狀態都很糟。」

如果是本身睡眠品質不佳的人，白天補眠會削弱夜晚和睡眠之間的連結。如果需

要小睡，只需要十到二十分鐘就可以產生中途充電的效果。但如果超過半個小時，很大機率會進入深度睡眠階段。如果中途被打斷，醒來時狀態會更差。如果睡不著也不必強求，就閉目養神，將感官內收。盡量別在午休時間滑手機，否則下午會感到更加疲倦。

如果擔心下午精神不佳，可以試試現在非常流行的咖啡覺（Coffee Nap），小睡前可以喝一杯咖啡，咖啡因需要二十分鐘才能生效，這個時間差就是你小睡的最佳時機。當你醒來時，咖啡因的作用剛好發揮，你就可以精神飽滿地投入工作了。

建立適合自己的睡前儀式

你可以先檢查一下自己的睡眠習慣，建立自己的睡眠習慣檢查表，找到對自己睡眠有不利影響的習慣，看看可以用什麼樣的好習慣來替代。

同時，你可以建立一套自己相對固定的入睡儀式，每晚都按這套儀式執行，提醒身體和大腦進入睡眠準備狀態，這其實就相當於預留出睡前緩衝時間，如泡腳、喝杯熱牛奶、進行簡單的伸展運動等。這既是為了放鬆和減壓，也是在暗示大腦即將入睡。這個儀式可以讓身體逐漸適應睡前的環境，給大腦足夠的時間準備進入睡眠狀態，從而顯著提高睡眠品質。

睡前儀式的基本原則：放鬆、重複、單調。在單調狀態下，大腦容易放空，感覺無聊，也更容易想睡。這就像在高速公路上開車容易昏昏欲睡，原因之一就是眼前風景一成不變。

在睡眠儀式中，我們應該有意識地營造單調的狀態。雖然在平時，單調的事物並不太受歡迎，但卻是睡眠的好夥伴。比如在同一張床上、穿著同樣的睡衣，選擇同一首單調的曲子、在同一時間入睡等。因為單調讓大腦的開關關閉，所以會更容易進入睡眠狀態。

此外，你還可以選擇一些相對舒緩的活動，盡量避免選擇會刺激大腦興奮的內容。比如可以摺一摺衣服、放一些助眠的音訊、翻一翻能讓你昏昏欲睡的書等。

當然，沒有什麼方式是適合所有人的，你需要找到適合自己的方式。你可以按照上述建議，結合自己的喜好和體驗，制定屬於自己的睡前儀式清單，將其寫下來會更加有效。

根據上述建議，希希建立了自己的睡前儀式清單。

1.睡前泡腳二十分鐘。

2.喝杯熱牛奶。

3.睡前點上香薰機。

4.看十分鐘經典書籍。

5.播放輕音樂。

6.梳頭五分鐘。

7.十分鐘伸展。

……

營造氛圍，提升睡眠品質

睡眠氛圍對於睡眠非常重要，尤其是敏感的人，更容易受到環境的影響。但好在睡眠氛圍是相對可控的，只要我們願意，就可以控制一些因素，減少它們對睡眠的影響。

曬太陽、關藍燈，褪黑激素充足可助睡眠

光線對睡眠非常重要。我們的睡眠週期受晝夜節律的調控，而晝夜節律受光線的調控。曬太陽可以促進褪黑激素分泌，而褪黑激素有助於維持平穩的睡眠狀態。

褪黑激素大約在凌晨兩點達到最高峰值，然後逐漸降低，以保證我們一整晚的良好睡眠。市面宣稱可以改善睡眠品質的暢銷保健品，就是人工添加了褪黑激素。其實，如果可以自己產生足夠的褪黑激素，又何需依賴人工添加呢？

想要促進褪黑激素的分泌，其實很簡單。白天可以多在陽光下活動，如果怕曬，可以避開中午紫外線最強的時間，或者避開臉部，曬曬後背、足底。可以刺激褪黑激素的產生，從而改善睡眠品質。

那為什麼現在人們褪黑激素的分泌普遍不足呢？這或許也是現代化的代價之一。白天怕曬，褪黑激素分泌不足，到了晚上，人造光照亮了黑夜，延遲了褪黑激素的釋放，使得人們難以在該睡時入睡。

如今，我們的周圍充斥著各種電子設備。研究發現，藍光會抑制褪黑激素的分泌，然而我們的臥室卻放滿了手機、電腦、平板等設備。這些設備在控制著褪黑激素的分泌，也在控制著你的入睡時間，導致你睡得愈來愈晚，睡眠品質也愈來愈差。

對敏感的人來說，充電器上的小藍燈都會影響睡眠。因此，想要營造良好的睡眠環境，入睡時應盡量讓臥室完全保持黑暗，將電子設備放在看不到的地方。微弱的小夜燈、充電器的提示燈等能關就關。

若你真的放不下手機，那麼至少在睡前兩小時將手機調為護眼模式。如果沒有辦法調整光線，也可以透過眼罩來隔絕光線，根據個人情況進行選擇即可。

先升高體溫，後降溫，透過調節體溫好入眠

想要提高睡眠品質，還有一個祕訣——調節溫度。溫度是除了光線之外的第二大關鍵因素。

一般來說，臥室溫度保持在十九至二十二度是最容易入睡。當然，不同的人對溫度的敏感度不同，所以你需要找到自己感覺舒適的溫度。另外，我們還可以根據體溫有上升必然下降的特點，有意識地提高體溫，先升溫，後降溫，透過調節體溫達到快速入眠的效果。

例如，睡前洗個熱水澡就能使體溫升高，泡澡、淋浴都有此效果。研究顯示，在40℃的洗澡水裡泡十五分鐘後，體溫會升高約0.5℃。當體溫升高0.5℃後，需要約九十分鐘時間才能恢復到之前的水準，這個由溫暖向涼爽的過渡過程，就是舒適睡眠的關鍵。我們可以利用體溫變化，幫助自己更好入睡。

泡腳也有異曲同工之妙。需要注意的是，有些人會在泡腳盆裡加鹽、生薑、八角、茴香等，其實這樣反而有可能使精神過於亢奮，讓人難以入眠，所以建議還是先

從簡單的溫水開始。

白噪音也能助眠

雜訊也是讓許多人感到困擾的因素。無論是室友的遊戲聲、伴侶的打呼聲，還是外界車輛的嘈雜聲，都會干擾我們的睡眠。

許多睡眠品質不佳的人常常對聲音非常敏感，容易被相對突兀的聲音所干擾，以至於無法入睡。

因此，白噪音（或稱白雜訊）應運而生。簡單來說，它給環境引入一種均勻的背景噪音，如風聲、雨聲、鳥鳴聲、海浪聲等，透過相對穩定、連續、單調重複的聲音，讓人產生穩定的安全感，並逐漸放鬆下來。

當習慣這種噪音，並將其與睡眠聯繫起來後，外界對睡眠的干擾就會減少，我們就能更平穩地過渡到睡眠狀態。有些不易入睡的小嬰兒，聽到吹風機的聲音便會安靜睡去，或許是因為這和在媽媽肚子裡聽到的聲音有些類似。白噪音的有效性受到個人偏好因素的影響，如果你可以找到適合自己的白噪音，也是一件幸事。

要應對噪音，你還可以選擇戴耳機或者耳塞。高敏感人群會對身體變化非常敏銳，市面上的耳塞舒適度不同，選擇適合自己的耳機或耳塞也非常重要。

芳香精油讓你「嗅」出好睡眠

當我們嗅到令人放鬆的香氣時，大腦會在〇．一五秒內做出「感到舒服」的判斷。嗅覺傳遞資訊至大腦的速度非常快，嗅覺細胞可以不經過大腦皮層的處理，直接進入中樞神經系統，效果直接且有效。

研究發現，如果臥室的空氣品質得到改善，那麼夜間睡眠總量和深度睡眠時長會明顯增加，第二天精神更容易集中，邏輯思維測試成績也會有所提高。所以，我們要盡量保持臥室內空氣暢通、品質良好。此外，也可以嘗試使用芳香精油來營造放鬆入睡的氛圍[5]。

有些精油具有安神放鬆的功效，如薰衣草精油、岩蘭草（香根草）精油、羅馬洋

5　個體存在差異，有的人使用精油後反而亢奮，更不易入睡。請在諮詢專業人士後使用。

甘菊精油、苦橙葉精油、天竺葵精油、乳香精油、馬鬱蘭精油等。這類精油可以穩定情緒、調節神經系統、緩解緊張和焦慮、促進血清素合成。當體內血清素充足時，它會轉化為褪黑激素，使身心得到全然的放鬆和舒緩。

對於新手來說，可以從廣為人知的薰衣草精油開始嘗試。擴香方式其實不拘一格，可採用香薰機薰香、製成噴霧、直接滴於紙巾上擴香等，手邊有什麼就用什麼。此外，也可以加基礎油稀釋後使用，局部塗抹、按摩或熱敷都可以，讓你在放鬆的狀態下獲得高品質睡眠。

使用精油需要注意以下三個方面：

1. 掌控品質，劣質精油對身體無益。
2. 少即是多，不要過量。
3. 如果要將精油塗抹於肌膚，最好先用基礎油對其進行稀釋。

晚餐不宜過飽，推腹法助消化且安眠

《黃帝內經》的〈素問・逆調論〉提出，「《下經》曰：胃不和則臥不安。」晚上吃得過飽，會加重胃腸道負擔。想想看，按照生物節律，晚上是腸胃的休息時間，腸胃正準備休息，可是主人卻開始大吃大喝。腸胃被迫開始「加班」，生物節律就這樣被打亂。

因此，晚上宜規律進食，不宜過飽。晚餐和睡眠時間至少間隔兩個小時。想吃東西時，可以選擇一些有飽腹感的堅果來緩解一下。

如果你已經吃得太飽而無法入眠，可以嘗試一下「推腹法」。這是一種簡單有效的日常保健方法。它可以促進腸胃蠕動，通暢氣血，調和脾胃，改善睡眠。

「推腹法」的基本要點為：雙手掌交疊，從心窩處由上往下推，可以一直推到腹股溝的位置，力量適中即可，推的次數根據自己的狀況而定。你可以從少量開始，推腹時默數一百下。

如果在數的過程中你就睡著了，那就最好不過了。需要注意的是，別剛吃飽就做此練習，至少在飯後一小時後再進行。

精力充電小技巧

舒眠瑜伽，讓你安睡到天亮

研究發現，適量運動可以有效改善睡眠品質。有規律的運動有助於加快入睡時間，增加總睡眠時間以及提高整體睡眠品質，同時也能增加恢復性的深度睡眠時間。

長期足不出戶的人往往會面臨更多的睡眠問題，如果白天沒有進行適當的運動來消耗熱量，就很難體會到身體張弛有度的節律感。

但是，在睡前不建議進行過於劇烈的運動，太過興奮可能會對睡眠產生負面影響。晚上是身體逐漸進入休息狀態的時候，更適合進行一些舒緩的伸展運動，如伸展瑜伽，就比較適合睡前放鬆，幫助我們從肢體放鬆過渡到心理放鬆。身體改變了，心理狀態也會隨之改變。

下面分享幾個簡單易操作的放鬆體式和工具，輔助我們提高睡眠品質。掌握基本原理後，我們可以舉一反三，找出更多適合自己提高睡眠品質的方法。

貓式

貓式看起來就像貓咪伸懶腰一樣，能夠舒展身體、增強脊椎的彈性和髖部的靈活性，緩解長期久坐帶來的腰背不適，強化脊椎和背部肌肉，美化腰背部的線條。

貓式基本要點如下：

1. 從四足跪姿開始，雙腳打開與肩膀同寬，大小腿呈九十度。
2. 雙手放於肩膀正下方。
3. 吸氣，提升坐骨，展開胸腔，抬頭。
4. 感受脊椎一節一節地舒展開來。

貓式

5. 吐氣時低頭拱背，眼睛看向腹部的方向。

6. 重複進行十次。

這個動作可以發揮很好的放鬆作用，要盡量地慢，讓整個後背的肌群都盡量舒展開來。

大貓式

做完貓式伸展，可以再做個大貓式，舒展胸腔，舒緩肩頸的僵緊。

大貓式基本要點如下：

1. 從四足跪姿開始，雙腳打開

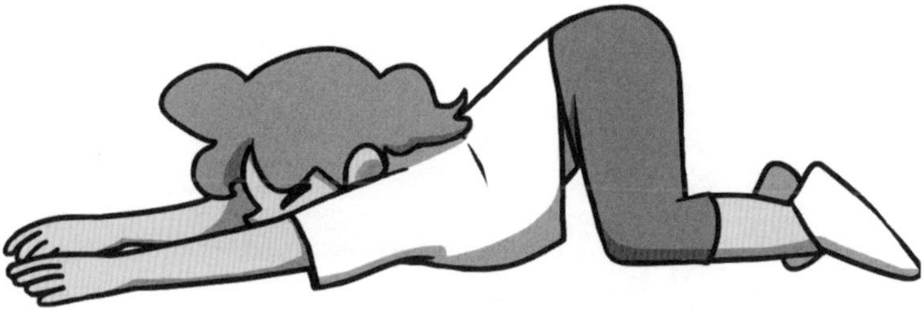

大貓式

與肩膀同寬，大小腿呈九十度。

2.雙手向前延伸，與肩同寬。

3.下巴放在墊子上，腋窩舒展，胸腔盡量向下沉。

4.保持後背延展，不要塌腰。

5.可停留三十秒，注意保持呼吸順暢。

這個動作可以很好地伸展背部，緩解肩頸緊繃，提高背部柔軟度，舒展胸腔，靈活脊椎，改善血液循環，從而達到修復身體和放鬆的效果。熟練之後，也可以慢慢地加深幅度。

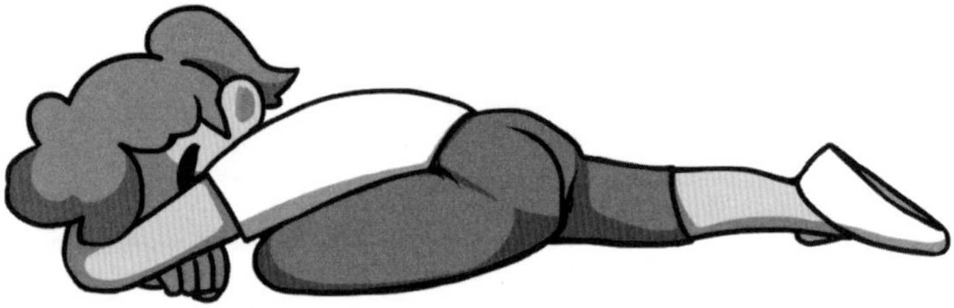

睡天鵝式

睡天鵝式

睡天鵝式基本要點如下：

1.從貓式開始。

2.將左腿彎曲，小腿放置兩手之間，根據個人情況調整小腿的角度。

3.接著右後腿慢慢的向後伸直，保持骨盆端正不歪斜。

4.身體向前趴向地面，可以將左腳掌向前移動，慢慢加深左髖部外旋的空間，保持呼吸，延展脊椎。

5.三十秒後慢慢收回，換另一

坐角式

側練習。

這個動作能有效地放鬆臀部僵硬的肌肉，舒展梨狀肌。透過調整前腿的角度，不同程度的練習者都可以找到充分拉伸的感覺。此外，這個體式還可以緩解情緒，釋放內心積聚的負面情緒，帶來平靜的感覺，睡前練習具有安神助眠的作用。

坐角式

坐角式（也稱為坐姿分腿前彎）基本要點如下：

1. 從坐姿開始，雙腿向兩側打開。
2. 雙腳朝外，膝蓋伸直、腳趾指向天空、大腿向外旋。
3. 身體緩緩向前傾，手肘著地。
4. 停留一分鐘，然後緩慢還原。

如果發現自己無法向前傾，也可以雙手撐地，只要有伸展感即可。這個體式可以舒展腿部經絡，溫和地打開髖關節，幫助拉伸大腿內側的韌帶，美化腿部線條，促進盆骨區的血液循環。這是睡前必練的一個體式。

仰臥扭轉式

仰臥扭轉式基本要點如下：

1. 仰躺，雙臂張開，平貼地面。
2. 吸氣，抬起雙膝，大小腿呈九十度。

仰臥扭轉式

3. 吐氣，雙膝左轉貼地。
4. 保持肩膀貼地，頭部向右轉，右耳貼地。
5. 停留五個呼吸。
6. 換另一側練習。

這個體式可以伸展脊椎和肩部，強化下背部的力量，從而有效減輕下背部疼痛和坐骨神經痛。同時，它也可以刺激消化系統，增加脊椎的柔韌性，對緩解壓力和疲勞、促進身體放鬆非常有效。

被動按摩法

除此之外，按摩也是一種經過時間檢驗的放鬆方法，可以幫助身體、心理和睡眠恢復平衡。特別是長期久坐的上班族，身體通常非常僵緊，可以透過精油按摩來達到深層放鬆的效果，這也成為眾多美容院、理療館的暢銷項目。如果可以掌握一些輔助放鬆的小工具，就會更容易形成習慣並且堅持下來。

泡沫軸法

首先推薦的是泡沫軸，它是運動按摩界的「不求人」工具。睡前使用泡沫軸放鬆，可以有效放鬆僵緊的肌肉，它的主要原理是利用身體自重來進行放鬆。你只需將需要放鬆的部位放在泡沫軸上，透過身體的重量施加壓力即可。泡沫軸法可以選用靜態或者動態的方式進行放鬆。

靜態法：將泡沫軸放置在需要放鬆的肌肉上，慢慢滾動到最敏感的痛點位置，停留三十至六十秒，直到疼痛程度降低後，再換到另一個痛點。

動態法：將需要進行放鬆的肌肉置於泡沫軸上，利用自身體重反覆在泡沫軸上來回滾動十至十五次。

使用泡沫軸放鬆能夠加速肌肉恢復，降低緊張感和疲勞感。對於長期久坐的上班族來說，這種方法非常簡單有效。

擀麵棍法

還有一個非常簡單有效的放鬆工具，那就是擀麵棍。沒錯，就是家中最常見的擀麵棍。除了製作美食外，擀麵棍也可以作為我們隨身攜帶的健身器材。

將一根中等長度的擀麵棍放在地上，然後用腳掌來回搓動，開始的時候會有些痠脹感，你可以根據自己的承受能力來調整踩的力度，直至腳底發熱為止。每隻腳搓踩約五至十分鐘。站著的力道會稍微大一些，你也可以選擇坐著，用雙腳一起搓。

足底集中了身體的反射區，承重最多，卻常常被我們忽略。透過擀麵棍放鬆足底的反射區，實際上也能產生放鬆全身的作用，這相當於給足底進行了一個被動式按摩。如果你有泡腳的習慣，可以在泡腳之後搓踩，也可以發揮很好的舒眠效果。

這些舒眠動作不僅可以幫助我們實現良好的睡眠，還可以為我們提供一個和身體對話的機會。透過全然接納自己的每一種狀態、每一個當下，讓身體不斷自我修復、進而快速恢復活力。

第8課

意志力告急，我為什麼總是半途而廢？

——習慣管理決定了人與人之間的差異

習慣塑造
是自律行為的關鍵

希希走進了精力管理中心，像往常一樣習慣性地走到了二樓，來到平常上課的教室，卻發現班上全是新面孔。她抱歉地舉手：「不好意思，習慣了，習慣帶我到這了。」

老師笑笑說：「『習慣』在樓上。」

希希來到樓上的教室，發現門上赫然寫著四個大字——「習慣管理」。

老師已經開始上課：「我們之前講了飲食、體能、睡眠……對於精力管理，大家已經有了一定的認知和理解，關鍵是大家回去後能堅持執行嗎？」

沒有人出聲。

老師看向門口的希希：「你說。」

希希吐吐舌頭：「我？我從小到大，立過無數次目標，卻從來沒有實現過。」

老師接著說：「所以，有一樣管理最為關鍵。如果沒有它，其他的都是空中樓閣，那就是習慣管理。」

希希好奇地問：「習慣還需要管理？」

老師說：「當然，大家可以想想自己每天早上都是怎麼過的？」

希希有點不好意思地說：「睜開眼睛後，我會在床上再賴一會，玩一下手機，看看有什麼新八卦。時間差不多了，再匆匆忙忙地趕著出門，在門口買了速食，邊走邊吃。如果正好遇上尖峰時段，就趕緊擠上一輛車，晃晃悠悠地到了公司。如果沒遲到就是萬幸，然後就趕緊在洗手間匆匆整理一下。」

「你呢？」老師問身邊的助教小明。

小明說：「我每天五點起床，花五分鐘做早餐，閱讀三十分鐘，運動四十分鐘。運動時我會順便聽聽今天的新聞。運動完後，洗漱一下，剛好可以吃早餐。吃完早餐後就出門上班。因為早出門，車上人較少，我還可以順便回覆一下昨天收到的訊息……」

「大家注意到了嗎？小明每天都是第一個到教室的，還為大家準備好了教材。每次看到他都是精力滿滿、神采奕奕的狀態。這種習慣在職場上是很加分的。」

老師接著說：「兩位夥伴為大家提供了很好的案例。我們每個人都是由不同的習慣塑造而成的。你是習慣早睡還是熬夜？你是習慣運動還是躺平？你閒暇時間是習慣閱讀還是打遊戲……可以說，習慣造就了人與人之間的差別。」

大腦天性懶惰，習慣決定行為

每年年初，大家都會列出一些計畫。一年讀一百本書、減掉十公斤體重、練出馬甲線等。結果年年都不了了之，明年翻出來再用一次，還像新的一樣。於是，大家逐漸開始產生自我懷疑，覺得自己永遠都無法改變。

但身邊也會有一類人，他們總是可以按時甚至提前完成目標，並且工作效率非常高。他們每天保持健身、閱讀，興趣廣泛，還有多餘的時間參加社會公益活動，事事妥帖，工作生活兩不誤。他們擁有異於常人的能力嗎？

並不是。他們只是懂得習慣管理的竅門，或者說，他們更懂得大腦的工作習慣。

許多人會覺得大腦天生是勤奮的，這其實是對大腦的誤解。可以毫不誇張地說，大腦天生懶惰、喜歡從眾，且禁不住誘惑。

這和大腦的高能耗不無關係。大腦只占體重的 2%，卻要消耗人體 20% 的能量，是人身上最耗能的器官。所以，大腦會盡可能地儲存能量、選擇省電模式，比如設定一些固定的自動化的處理模式，盡量減少能量消耗。

想像一下，如果你每天從睜開眼睛開始，就要重新思考每件事情怎麼做，那麼大腦很快就會罷工了。因此，大腦需要找到更高效的模式，讓一切盡可能「自動化處理」。我們以為每一天做的每一個決定都是自主選擇的結果，但實際上，這都是由我們的習慣決定的。

改變行為和意志力無關

希希恍然大悟：「我發現自己之前難以堅持的原因是把自己逼得太急了。我還一直以為是自己意志力不夠。」

大家常會說，「因為沒有意志力，所以無法自我管理」，「因為沒有意志力，所以無法實現自己的目標」……大家常常誤會自律行為的關鍵靠意志力，把意志力當成靈丹妙藥，殊不知意志力是奢侈品，經不起揮霍，只靠那點微薄的意志力是不足以支

撐我們的日常生活的。

或許，你早上休息好了，意志力滿滿，充滿鬥志，但到了晚上，意志力告急，計畫就會宣告失敗。許多因素，如努力程度、感知難度、精神狀態、血糖值等，都會影響我們的意志力。

然而，一旦習慣形成，整個過程就會變得簡單，我們不需要過多依賴意志力，習慣也會自動運轉、自動循環，這才是自律行為的關鍵。

就像一顆衛星在升入太空前，必然經歷過一段漫長的準備期，但當它衝破大氣層，擺脫地球引力的束縛後，剩下的就是在既定的軌道上井然有序地運行。任何習慣的養成都會遵循這一規律。

混一天日子，摸一天魚，吃一頓不健康的飯，好像毫無影響，但是歲月有功，人和人的差距就在每天日復一日的習慣中被不知不覺地拉開了，最終大到讓人難以想像。

大家可以猜猜看，每天進步1％和每天退步1％，一年後的差距會有多大？

$(1+1\%)^{365} \approx 37.7834$

$(1-1\%)^{365} \approx 0.02551$

兩者相差1481.1倍。當然，這不過是個數字，未必符合人的實際變化規律，但這足以看出時間複利發揮的作用。習慣是可以被不斷調整和優化的。人可以管理習慣，習慣也在塑造著我們。

今天的你是哪個1％呢？

習慣設計，打造大腦自發性運作流程

美國心理學家愛德華．桑代克（Edward Thorndike）曾進行過一項實驗，他給貓咪設計了一個「密室脫逃」裝置，從中發現了習慣的理論基礎。實驗中，桑代克將貓咪放進一個密閉的黑箱裡，箱子中有一根槓桿，只需撥開它，就能打開箱子。貓咪開始尋找出口，很快地有隻貓咪不小心撥開了槓桿，成功逃出。

透過多次實驗，桑代克發現，貓咪找到撥開槓桿的方法後，牠會重複使用這個方法。無論把貓咪放進哪個箱子裡，牠都會第一時間去找槓桿。一旦貓咪發現了解決問題的方法，並不斷重複使用，這個行為就形成了牠的習慣。

暗示、行為與獎賞循環的習慣養成

在習慣形成過程中，暗示、慣常行為和獎賞三者缺一不可。

首先，你會接收到一個來自外部「暗示」，讓大腦進入某種自動行為模式，並決定使用哪種習慣。

例如，在睡眠管理中，我們已經建立了一整套睡眠習慣。晚上九點半，鬧鐘鈴響提示，「刷牙→洗臉→泡腳」這套流程就會自動化運作。

這就是第二部分——慣常行為。不需要太多意識參與就能完成。

當你做完這一系列的動作之後，感覺口氣清新、皮膚滋潤、身體放鬆，這一系列身體感受形成了第三部分：獎賞。

當你做了慣常行為並獲得獎賞，大腦就會把這三個部分更牢固地連結在一起，強化這個迴路。

這個由「暗示、慣常行為、獎賞」組成的迴路透過重複執行，會愈來愈自動化，讓暗示線索和獎賞交織在一起，一個習慣就誕生了。一旦習慣養成，這個自動化的模式就非常牢固。

弱化舊習慣迴路

習慣迴路之所以如此堅固，是因為有所期待。我們期待得到相應的獎勵，很多時候期待的力量甚至超過了真實的獎賞。同時，由於舊習慣的神經迴路非常強大，想要強行改變並不容易，舊習慣也不會「坐以待斃」，會反過來影響新習慣的養成，使你被一下子「打回原形」。所以，想要建立一條新的迴路，需要一定的時間和適當的方式、方法。

當暗示出現，我們做了慣常行為之後，大腦就會分泌出多巴胺，我們會感到非常雀躍。如果這個獎勵沒有出現，我們就會感到失落，想要獲得的意願反而更加強大。

假設我們想改掉一個習慣，如果強行制止，反而會強化了原來的習慣。比如想減肥，如果採用極端的節食方式，通常會引發反彈，甚至導致新一輪的暴飲暴食。相比之下，如果採用更健康、溫和的方式來逐漸替代，大腦會更容易適應和接受，並逐漸形成新的習慣迴路。

正如魯迅所說，「地上本無路，走的人多了，也便成了路。」這句話同樣適用於習慣的養成。起初，習慣並不存在，但隨著重複行為次數的增加，大腦中會形成一條無須思考、自動運行的路徑。要想削弱這個習慣迴路，我們只能開闢一條新的道路。新路走得多了，老路也就漸漸被忘卻了。

提示物，習慣養成的關鍵

你多久滑一次手機？十分鐘沒滑會不會覺得錯過了全世界？是不是很難想像沒有手機的日子？

研究發現，不只是看手機，只要手機在視線範圍內都會讓我們的注意力下降。人們常說「眼不見心不煩」，其實不是事情消失了，而是提示消失了。

本來沒有想要滑手機，可是看到了手機，手就「癢」了。本來沒有要吃零食，可是看到了零食，就開始分泌唾液，這都是提示的結果。

你有沒有發現，我們常常只給好習慣準備很少、很簡單的提示物，而壞習慣卻會面臨無數的誘惑和提醒。眼耳鼻舌身五感統統都能產生提示作用。所以，我們要學會為好習慣設置更多的提示物，讓它們更容易形成。比如，想建立運動習慣，可以嘗試以下四種提示方法。

1. **日常提示**。比如氣味、時間、地點等，都可以作為提示物，以減少我們在執行過程當中的各種糾結，促進習慣的養成。

我們可以將運動服、裝備、水等物品放在顯眼的位置，隨時提醒自己，減少糾結的過程。此外，我們還可以在每天的行動路線上放置一些明顯的提示物，提醒自己在哪個時間、地點該進行運動，這樣運動發生的機率就會大大增加。

2. **視覺提示**。如列印運動清單、繪製每日運動表格、黏貼偶像圖片等，透過視覺刺激來進行提示，可以讓運動計畫更加直觀、明確。

3. **聽覺提示**。例如設置鈴聲、播放音樂、使用計時器等，提醒自己運動時間到了。

4. **社交提示**。例如讓好友、教練、運動搭檔等提醒自己去運動。

此外，我們還可以根據自己想培養的習慣，設計各種不同的提示方法，讓提示成為習慣的保障。這樣不僅能減少意志力的損耗，還能增加行為實現的可能性。

要養成習慣，將複雜事情簡單化

我們建立習慣經常失敗的原因是：頭腦發熱，一時衝動，然後就一蹶不振，很長一段時間內都無法再次啟動。這樣三天打魚兩天曬網的行為，很難養成實際的習慣。

設定習慣，把計畫寫下來

英國的一項運動習慣研究，將受試者分成了三組，第一組人只需要記錄運動時間，第二組人除了記錄運動時間之外，還要理解運動對健康的好處，第三組人則需要先制定實施計畫。你可以猜一猜，哪一組完成運動的比例比較高？

或許你猜到了，答案是第三組，也就是寫下實施計畫的這一組，其完成率達到了91％。第一組完成率僅為38％，但他們不是最低的。第二組的完成率最低，僅為35％。

這是一個有趣的發現。正如我們雖然知道許多事情對身體有益，但從來沒有去做一樣，大腦更容易接受具體的實施計畫。當你與自己達成約定時，就更有動力去實現它，並大大提高計畫的完成率。

所以，請把計畫寫下來。明確設定習慣行為，會讓該習慣變得更加真切。大腦會認為這是順理成章的事，並在日程表中為這個事情預留時間。

舉個例子，如果你想建立的習慣是「我要運動」，這就太過模糊，很難落實到具體行動中。所以，最好把這個習慣具體化，可以參考之前提到的SMART原則確定具體的行動時間、地點、實施方式等細節，這樣大腦會更容易接受。最好將它們寫下來，這就相當於給自己制定了一個具體的實施計畫。

善用微習慣，把習慣變成儀式

所以，我們要如何有效養成習慣呢？

回到運動的例子，大家覺得一週拿出一天運動七小時，或者每週每天運動一小時，哪個更容易養成運動習慣？

顯而易見，更容易執行、頻率更高的方案更有可能養成習慣。習慣建立的過程，就像肌肉需要訓練一樣，如果你只能負荷十公斤，卻非要給自己加上一百公斤的東西，那只會把自己壓垮。所以慢慢來，從易、從細，先開頭，讓「習慣肌肉」逐漸建立起來。假如我們把習慣看成自動化生產線，那麼這條生產線上的每一個步驟都不會太過龐大，它們都是小而簡單的。這樣的設計讓生產線變得易於實現和監控。同樣的，培養習慣也是如此，動作不要設計得太難、太大，要小而穩定。

希希似懂非懂：「就像現在很流行的微習慣嗎？」

心理學家史蒂芬．蓋斯（Stephen Guise）提出「微習慣」這個概念，認為透過建立微小但持續的習慣，人們可以逐漸塑造自己的行為模式，改變自己的生活方式。「微習慣」將習慣縮小到不可思議的步驟，被稱為不可能失敗的習慣。

例如，每天做一百個伏地挺身容易失敗，每天做一個伏地挺身總不容易失敗吧？

每天看一本書容易失敗，每天看一行總不容易失敗吧？

萬事起頭難，是因為人的大腦需要消耗一定的意志力才能啟動。微習慣讓大腦幾乎察覺不到自己在消耗意志力，這樣我們就可以解決在習慣養成過程中意志力不足的問題。可以想像，跳一次繩、做一個伏地挺身有多簡單。這樣做的好處是，大腦會逐漸適應和接受這個小而穩定的行為，並形成習慣化的記憶。

所以，微習慣最主要的作用，就是盡可能地讓起頭不難，或者說，它更像是一種啟動儀式，讓習慣可以順暢地運轉起來。

彈性習慣，微習慣升級更具靈活性

希希問道：「每天都做一樣的事會不會太無聊了？如果今天的狀態還可以，可不可以多做幾個？」

當然，從人的動力角度來說，太難的事做起來沒有動力，太簡單的事做起來又沒有意思。那如何讓這個習慣更有意思呢？那就需要找到保持動力和達到最大欲望之間的最佳通道。

為了解決這個問題，蓋斯提出可以將彈性習慣作為微習慣的升級版，這樣既不會失去微習慣的好處，同時也能增加更多靈活性。

假設，想要透過運動塑身，可根據自己的意願選擇了瑜伽、游泳、跑步三項，然後為每個選擇設定三個橫向選項，分別是普通、略好、優秀。

以瑜伽這項為例，設定普通級別就相當於選擇微習慣，可以毫不費力地完成。如果還覺得吃力、難以完成，就說明這個習慣還不夠小，可以將它調整得更小一些。因此，選擇了將每天伸展一分鐘作為普通級別，確保自己可以更輕鬆地完成。

略好級別，屬於「跳一跳，摸得到」能實現的高度，可以給人帶來小小的成就感。例如，選擇做十五分鐘的平衡體式。

優秀級別，相當一個挑戰，完成後能夠獲得巨大的成就感。像是選擇做需要體力和耐力的六十分鐘流瑜伽（也稱流動瑜伽）體式。

這個過程充滿了彈性，每個人都可以根據自己的狀態和時間進行選擇。太忙的時候，你可以選擇完成毫無壓力的普通級別的任務；時間充裕，狀態滿分時你可以挑戰一下自己，選擇優秀級別的項目。只要完成其中任何一個級別，就算達到目標。你可以賦予習慣更加靈活和多元化的評價體系。

習慣疊加，以舊帶新，輕鬆養成好習慣

習慣不是單獨存在的，每一個習慣就像是積木，層層疊加、環環相扣，最終會形成完整的習慣體系。

比如，有人想運動，但是又覺得使用跑步機很單調、無聊，於是嘗試在看綜藝節目時順便使用跑步機，將新動作加到舊習慣中，慢慢地，跑步就變成了習慣的一部分，綜藝節目變成了獎勵的一部分。這就是對自己原本的習慣進行疊加，讓舊行為和新習慣結合在一起，以舊帶新的方式，逐漸建立並鞏固新習慣。

再比如，洗臉步驟為「使用卸妝液↓洗面乳↓爽膚水↓精華液↓面霜」。一系列動作完成下來，不會錯，也不會忘。我們每天的行為都是由這樣一連串的慣性動作鏈組成的。這樣的慣性動作鏈可以減少養成習慣的壓力，降低切換習慣的啟動成本。

需要注意的是，如果想要在這一組積木裡面加入新的積木，就要先想好和哪塊放在一起更合適。兩個綁定的習慣最好有關聯性，簡單易行，這樣會更易堅持。

行為回饋，可強化習慣養成

有沒有發現，養成壞習慣比養成好習慣容易得多。許多壞習慣都有一個共同特點：伴隨著即時的獎勵。

為什麼玩遊戲容易令人沉迷呢？這是因為在遊戲中，你的每一個動作都會有及時的反應，聲音的刺激、場景的轉換、裝備的升級、分數的改變等。這會讓你一直保持在興奮狀態。

相對而言，好習慣通常需要很長時間才能得到獎勵，例如寫作業、練琴、背單詞，要等到很久以後，你的努力才能看到成果，才能收穫獎勵。

這其中的關鍵因素就是：回饋。

回饋是習慣養成的必要步驟，習慣之所以能形成閉環，就是因為動作和獎勵之間的緊密聯繫，如果時間間隔太長，聯繫就會弱化。所以，在動作出現之後，就需要及時提供強化物。這個強化物可以來自自我，也可以來自他人。只有透過不斷地認可和回饋，才能持續地激勵行動。

即時獎勵促進習慣

獎勵是一種正面的激勵，能增加行為被重複的可能性。大腦是需要獎勵的，如果感覺到太難、太苦，它也是會罷工的，所以別讓自己感覺太過辛苦。反之，慶祝小勝的方式更加有效。

當我們在完成某個行為後給自己一個小小的獎勵時，大腦會隨即釋放出讓人感覺愉快的多巴胺，於是多巴胺會將該行為所對應的神經元連結在一起，從而增加我們重複該行為的可能性。獎勵愈快出現，就愈容易與行為綁在一起，你就愈容易養成習慣。這個小獎勵不一定是獎金，也有可能是讚美，或者是身體出汗之後的良好感受。

我們也可以設計其他形式的獎勵方式，例如番茄鐘法就是透過定時休息來獎勵自己，中場休息吃一塊巧克力也是一個及時安撫的方式。在你想要養成習慣的行為中建立這樣的機制。關鍵在於，要從小處著手，鼓勵進步，慶祝小勝。當然，獎勵必須在預期行為完成後才能發揮最大的功效。比如「先吃大餐，再寫論文」，效果就沒有「先寫論文，再吃大餐」來得好。

公開承諾增加動力

做事時，我們常常給自己找各種各樣的理由拖延，但當有其他人參與進來時，這件事完成的機率會更高。因為人們往往更在意別人對自己的看法，所以如果你公開承諾，就會更有動力去堅持自己的承諾。

你可以在朋友圈或你關注的群裡宣布，你在……（時間）要做……（事情），如果沒完成就會……（懲罰）。

試試看，這個方法非常有效。

團隊相互激勵、監督與提醒

團隊對於新習慣的培養很有幫助。我們可以與志同道合的朋友建立團隊，共同培養新的習慣。在這個過程中，大家可以相互激勵、相互監督、彼此提醒。

例如，幾個朋友可以成立一個小組，列出各自想要實現的計畫和目標，提前設定獎懲機制，大家相互監督。此外，還可以加入一些運動打卡群、讀書寫作打卡群等，透過約束性紀律和團體激勵來促進新習慣的養成。

習慣記錄，分析結果調整行為

最後，我們可以記錄下習慣執行情況，有記錄才利於分析，不然所謂的改善只不過是一廂情願的自我滿足。行為不過是最後的果，透過對結果的分析，找到因才是關鍵。只要目標不變，行為是可以調整的。

如果習慣是可行、可量化和可評估的，那麼記錄可以幫助我們思考，為什麼今天沒有完成任務、遇到了哪些障礙、流程中哪一個環結出了問題等。

我們也可以採用視覺化的方式進行記錄，因為視覺化的方式是最直接的，可以讓我們感受到量的變化和成就感。比如小朋友完成任務得到一張貼紙，會非常開心，積極性也會大大提高。這也是我們一開始習慣養成的基本方法：透過有儀式感的打卡動作來記錄習慣，實現閉環。這樣的儀式行為有助於鞏固這個習慣。

習慣養成平均六十六天

我們常常聽說養成一個習慣需要二十一天，但這並不準確。不同習慣、不同人所需要的時間是不一樣的。

在一項實驗中，研究人員讓九十六名參與者每天重複一項與健康相關的活動，比如一百個仰臥起坐、八十個伏地挺身、三十分鐘的跑步等，堅持了二十一天的四倍——八十四天。

大多數人在第六十六天就形成了這些習慣，然而也有一部分人到了第八十五天時，依然沒有想去做這些運動的欲望。研究人員表示，有些習慣可能需要在第二百五十四天才能達到自動化。

總的來說，簡單的行為習慣，如記帳可能只需要一個月就能養成習慣，但身體習慣如早起，可能需要三個月甚至更久。平均而言，養成一個習慣需要六十六天。

研究也顯示，偶爾漏掉一兩天，對於養成習慣並沒有太大的影響，只要隔天再繼續執行，就能保持之前的進展。此外，也不需要因為漏了一天就做雙倍來懲罰自己。長期來看，這麼做只會增加壓力，反而更容易導致放棄。

彈性空間、替代方案讓習慣不中斷

在習慣養成的過程中，常常會遇到各種意外，這再正常不過了。比如，你正在堅持執行健康飲食一百天習慣養成計畫，在這一百天裡可能會有公司聚會、朋友生日、宵夜邀約等各種突發狀況，又或者出差、疲憊、事情多的時候，總是很難堅持，這個時候如果停下來了，習慣養成就更難了。所以，最好可以用視覺化的方式把你的目標寫下來、畫出來、貼起來，放在你平時容易看得到的地方，愈醒目愈好。

為了避免某次行動的失敗導致計畫全盤失敗，你可以預留好彈性空間，提前制定應急方案，用「如果……就……」的方式為自己制定替代方案。比如，如果今天吃了宵夜，那明天就多走半個小時。如果明天下雨，就在室內跳繩。

這樣你會感到計畫並沒有中斷，只是做了一些小小的調整，這種心理感受對於習慣的堅持也是非常重要的。

天氣不好就在室內運動，身體不好就進行輕微運動，時間緊張就適當縮短時間等。應急方案的功能，就是應對生活中不可避免的突發狀況，讓你減少糾結，降低因計畫被打亂而產生的內疚之情。當你身體逐漸適應，不運動時反而會感到悵然若失，這時你就不會再經常找藉口，運動習慣也就真正養成了。

習慣需隨時調整，以不斷優化

當然，習慣的建立並不是一蹴而就的，也需要不斷的優化。

十歲時養成的習慣適用於當時的環境和情況，但對三十歲的人來說可能就不合時宜了。當婚姻狀況、家庭狀況、職業情況等狀態發生變化時，養成的習慣也需要不斷變化和調整。所以，這也需要我們不斷地去審視、調整自己的習慣，擁有保持動態調整的狀態和不斷優化習慣的能力。

例如十年前，晚上你要陪客戶吃飯，要喝酒應酬，但現在大家更關注健康，你可以選擇一個更健康的應酬方式，比如說陪客戶運動，既能維繫關係，又利於健康。

再比如，過去你總是最後一分鐘才趕到公司，雖然沒有遲到，可是每次都狼狽不堪；現在，你可以做些優化，調整一下順序，提早出門，錯開尖峰時段。這樣，人也不多，你可以抽空看會書，到了公司之後，再進行儀容整理，調整一下完成事項的前後順序，你的狀態就會更優雅、從容。

沒有完美的習慣，但一定有更適合你當前狀態的習慣。只要掌握了習慣管理的方法，你就可以更好地掌控自己的精力。

習慣不會消失，但可以被替代，因此我們要經常審視和回饋。透過習慣管理，讓每個小板塊自動運作，你會發現整個人的狀態會有很大的提升。

只要掌握了方法，有一天你會發現，以前覺得很難的事情並沒有那麼難。

你會發現，愈自由，愈自律；愈自律，愈自由。

後記

聚會中，大家最愛問：「時間都到哪裡去了？」

常有人會接：「問這個問題時，你已經失去它。」

這個回答現實而又殘酷。

對流逝的感歎，對選擇的懊惱，對現狀的不甘，這些幾乎都是永恆的話題。

我們會發現，不論如何管理，都一樣會有困擾，雞飛狗跳，狀況迭出，這原本就是生活的常態。

人生就像一場修行，在志得意滿之時，考驗會出現，看看此時是給你降級、留級，還是升級，如此循環，學無止境。

本書也是在這樣的考驗下完成的。新角色，新身分，新狀況，內外交織，分身乏術，唯有在凌晨三點夜深人靜時，才能擠出片刻完全屬於自己的時光奮筆疾書。

在此，我要感謝所有支持我的親朋好友、編輯，以及可愛的希希，你們的支持是我最大的動力。

希望本書能發揮拋磚引玉的作用，在大家需要調整精力狀態時，能給大家提供一些實用的設計思路，讓大家設計出更適合自己的應對方案。

精力管理並不是萬靈丹，所以也無法一吃就靈、一蹴而就。它更像是一種可以讓你更加從容的生活態度，一種進可攻退可守的生活彈性，一種知道自己可以迎戰的生活底氣。

這些都需要長期訓練才能獲得。

好消息是，你並不孤單，我們一直在路上。

i生活 46

疲勞世代：找回身心能量的關鍵8堂課

作　　者　伊沙貝
封面&版型設計　綁煙　內文排版　游淑萍
責任編輯　劉素芬　行銷企畫　呂玠忞　總編輯　林獻瑞

出 版 者　好人出版／遠足文化事業股份有限公司
新北市新店區民權路108之2號9樓
電話02-2218-1417　傳真02-8667-1065
發　　行　遠足文化事業股份有限公司（讀書共和國出版集團）
新北市新店區民權路108之2號9樓
電話02-2218-1417　傳真02-8667-1065
電子信箱service@bookrep.com.tw　網址http://www.bookrep.com.tw
郵撥帳號 19504465　遠足文化事業股份有限公司
讀書共和國客服信箱：service@bookrep.com.tw
讀書共和國網路書店：www.bookrep.com.tw
團體訂購請洽業務部(02) 2218-1417　分機1124
法律顧問　華洋法律事務所　蘇文生律師
印　　製　博創印藝文化事業有限公司　電話02-8221-5966

出版日期　2025年3月5日
定　　價　400元
ISBN　978-626-7591-18-5
ISBN　9786267591161（PDF）
ISBN　9786267591178（EPUB）

國家圖書館出版品預行編目(CIP)資料

疲勞世代：找回身心能量的關鍵8堂課／伊沙貝著. --
初版. -- 新北市：遠足文化事業股份有限公司好人出版：遠足文化事業股份有限公司發行, 2025.03
面；　公分. --（i生活；46）

ISBN　978-626-7591-18-5（平裝）
1.CST: 疲勞 2.CST: 生活指導 3.CST: 健康法

176.76　　114001149